ÉTHOCRATIE.

ÉTHOCRATIE

OU

LE GOUVERNEMENT

FONDÉ SUR

LA MORALE.

Conſtituit bonos mores civitati Princeps.
Seneca *de Clementiâ lib.* I.

A AMSTERDAM,

Chez MARC-MICHEL REY,

MDCCLXXVI.

[illegible]

[illegible]

[illegible]

[illegible]

[illegible]

A LOUIS XVI,
ROI DE FRANCE ET DE NAVARRE.
MONARQUE JUSTE, HUMAIN,
BIENFAISANT; AMI DE LA VÉRI-
TÉ, DE LA VERTU, DE LA SIM-
PLICITÉ; ENNEMI DE LA FLAT-
TERIE, DU VICE, DU FASTE,
DE LA TYRANNIE; RESTAU-
RATEUR DE L'ORDRE ET DES
MŒURS; PERE DE SON PEUPLE;
PROTECTEUR DU PAUVRE;
DONT LE REGNE EST L'ESPOIR
DES BONS, L'EFFROI DES MÉ-
CHANTS, LA CONSOLATION DES
VRAIS CITOYENS: VOUÉ, DÉDIÉ,
CONSACRÉ PAR UN CITOYEN
FIDELE, ZÉLÉ, RESPECTUEUX,
QUI DIT LA VÉRITÉ AU PRINCE
QUI VEUT L'ENTENDRE.

Ego verum dicere affuevi, & tu libenter audire.
PLIN. Lib. VII. Epiſt. 9.

AVERTISSEMENT.

Le titre placé à la tête de cet ouvrage
en annonce le but : il est composé de
deux mots grecs, ΕΘΟΣ, mœurs, &
ΚΡΑΤΟΣ force, puissance, empire, gouvernement. On a cru pouvoir employer
ce mot ainsi formé pour désigner un essai,
un projet d'union entre la Morale & la
Politique, l'idée d'une Législation conforme à la vertu, qui pût être également
avantageuse aux Souverains, aux sujets, aux nations, aux familles, à
chacun des citoyens. On ose se flatter
de n'avoir, dans cet essai, proposé rien
de chimérique, ou qui ne puisse être
aisément exécuté par tout Législateur
sincèrement animé du desir de faire le
bonheur de son Peuple : tel est le Monarque bienfaisant & juste qui fait aujourd'hui l'espoir & la consolation des
François.

Quant à ces hommes découragés, qui
croient toute Réforme impossible, &

s'obstinent à désespérer du salut de la République, on leur dira que tout est possible à la volonté ferme & constante d'un Prince fortement occupé du rétablissement de l'ordre & de la félicité de ses sujets, sur-tout lorsqu'il se voit secondé par des Ministres éclairés, integres, vertueux : entre de telles mains l'Etat peut sans doute espérer de guérir de ses plaies, de reprendre des forces, de jouir avec le temps d'une santé vigoureuse. Il n'y a, dit Séneque, qu'un mauvais médecin qui renonce à l'espoir de guérir ses malades. (1) Si, comme les individus, les Etats ne peuvent se promettre un bonheur inaltérable, qu'ils profitent du moins des moments favorables que le destin veut bien leur accorder.

Machiavel, qui ne s'est pas communément proposé de donner des conseils honnêtes aux Souverains, reconnoît pour-

____

(1) Mali medici est desperare ne cures.

tant lui-même que ,, tout Prince, ou
,, tout Miniſtre, qui prétend à l'im-
,, mortalité, doit choiſir pour le théatre
,, de ſa gloire un Etat corrompu &
,, tombé en décadence, afin d'avoir l'hon-
,, neur d'en devenir le reſtaurateur."

Il n'eſt beſoin ni de mérite ni de ſcience
pour exercer le deſpotiſme & détruire un
Etat; il ne faut que de la force & de la
méchanceté: mais pour gouverner ſagement un Etat corrompu, pour en bannir
le déſordre & le vice, il faut des travaux
longs & ſuivis, il faut des lumieres,
une fermeté, des vertus qui ſe trouvent
rarement dans les Princes. Peu de loix
ſuffiſent aux gens de bien; mais il en
faut de ſéveres & de multipliées aux
méchants, qu'elles peuvent encore difficilement contenir. Il ſeroit facile de faire
adopter des loix raiſonnables à un Peuple ſimple, exempt des préventions &
des vices qu'on voit communément enracinés dans les nations civiliſées. On
trouve chez celles-ci une multitude de ci-

AVERTISSEMENT.

*toyens ignorants, présomptueux ou per-
vers, qui se sont habitués à regarder
leurs usages les plus nuisibles comme des
choses sacrées, leurs préjugés comme des
principes sûrs, leurs opinions fausses
comme des maximes infaillibles; leurs
intérêts personnels comme ceux de la
nation entiere, leurs injustices comme des
droits inviolables: tels sont les malades
opiniâtres dont un Souverain courageux,
& jaloux de sa gloire, doit entreprendre
la cure s'il veut marcher à l'immortalité.*

*Ce sont évidemment les vices des
hommes qui provoquent le despotisme &
la tyrannie. Il faut un sceptre de fer
pour subjuguer & contenir des esclaves
sans raison & sans mœurs, dont la
crainte seule peut arrêter les excès. Il
n'appartient qu'à des citoyens honnêtes
d'avoir de bons Rois: des nations corrompues ne peuvent avoir que des tyrans;
elles ne sont susceptibles ni de la liberté,
dont elles ne feroient qu'abuser, & qu'elles
perdroient bientôt, ni de la prospérité,*

AVERTISSEMENT.

*toujours incompatible avec la licence, l'in-
justice, & les mauvaises mœurs.*

*D'un autre côté tout Souverain ver-
tueux, fait pour être le guide, le pas-
teur & le pere de ses sujets, doit
craindre de mériter les noms de despote
& de tyran, qui le rendroient odieux
à son peuple; l'objet de la terreur publique, le possesseur incertain d'une puissance détestable. Ainsi, juste & bon lui-
même, il voudra commander à des
hommes qui lui ressemblent, à des citoyens
raisonnables; à des sujets dociles &
vraiment attachés. Pour atteindre ce
but également désirable pour les nations
& pour leurs chefs, le Législateur,
s'accommodant à la foiblesse des esprits,
s'efforcera de les éclairer, de les instruire,
de les amener par la douceur à la
raison qu'ils ignorent; tantôt, par des
récompenses, il leur fera sentir les avantages des vertus dans la vie sociale;
tantôt enfin, faisant un usage légitime de
son autorité, il inspirera des terreurs*

ſalutaires à ceux qui ſe montreroient rebelles à ſes leçons bienfaiſantes. Le pouvoir abſolu, dont tant de mauvais Princes abuſent communément, devient entre les mains d'un Souverain équitable une arme néceſſaire pour détruire les efforts & les complots de l'iniquité. La réforme d'un Etat vicié de longue main demande une fermeté ſoutenue, un courage intrépide; qualités plus honorables, & plus rares que cette ardeur fatale qui fait entreprendre des conquêtes. Il n'eſt point pour un Roi de gloire plus ſolide que de regner par des loix ſages ſur un peuple vertueux. C'eſt alors que la puiſſance du Souverain & la félicité des Sujets ſont fondées ſur une baſe que rien ne peut ébranler.

ÉTHOCRATIE.

ÉTHOCRATIE.

CHAPITRE I.

De l'union de la Morale avec la Politique.

LE GRAND SULLY a dit que les bonnes mœurs & les bonnes loix se formoient réciproquement. Jamais, sans des dangers égaux pour les Souverains & les Sujets, la Politique ne peut se séparer de la Morale, ni la perdre un instant de vue. Quelle que soit la forme du Gouvernement adoptée par les nations, ceux qui sont chargés de l'autorité publique se trouvent engagés, par-là même, à les guider vers le bonheur. Mais ce bonheur, incompatible avec le vice ou le désordre, ne se rencontre que dans la pratique des devoirs de la vie sociale, dans l'observation constante des regles de la justice, dans le respect pour la vertu. *La loi*, dit Cicéron, *est la droite raison, qui prescrit ce qui est honnête, & qui défend ce qui ne l'est pas.* (1).

(1) *Recta ratio, imperans honesta, & prohibens contraria.*
V. Cic. Philippic. II.

A

Ainsi le Légiſlateur, dans toutes ſes inſtitutions, le Souverain, dans ſes édits & reglements, ne devroient être que les organes de la juſtice, les interpretes fideles des oracles de la Morale. Si, comme tout le démontre, la diviſion des intérêts du Souverain & des ſujets a produit le fatal divorce que l'on rencontre ſi ſouvent entre la Politique & la Morale, la raiſon, guidée par une expérience longue & constante, devroit enfin les rapprocher. Unis alors avec les peuples qu'ils gouvernent, les chefs des nations engageroient puiſſamment ou forceroient les citoyens à concourir, ſuivant leurs facultés, au bien général.

La réunion ſi deſirable de la Politique & de la Morale peut ſeule opérer la réforme des mœurs, qu'une Philoſophie dénuée de pouvoir tenteroit vainement. Que peuvent en effet les conſeils ſtériles de la raiſon, toujours triſtes pour des êtres endurcis, corrompus, diſſipés? Que peuvent de vaines exhortations contre des préjugés enracinés, contre des paſſions fougueuſes, contre des penchants funestes fortifiés par l'habitude? *Il faut*, dit un Magiſtrat éclairé, *une Morale pratique, publiée par une autorité légitime; & cette Morale doit être fixée par la Loi.* (2)

_____

(2) Voyez *Diſcours de M.* Guiton de Morveau. *tom.* I. page 32.

ARISTOTE avoit depuis long-temps remarqué, que la Morale ne pouvoit être efficace sans le secours des Loix; que des discours ne pouvoient suffire pour réformer les mœurs. „ Les hommes, dit-il, „ obéissent bien mieux à la nécessité qu'à „ des paroles, à des châtiments qu'à des „ représentations. La Loi seule a le pou- „ voir de les contraindre. On prend en „ aversion les hommes lorsqu'ils contredi- „ sent les passions; mais on ne hait point „ la Loi."

SUIVANT ce Philosophe, pour réformer puissamment les mœurs „ il faut que „ le Législateur soit lui-même vertueux & „ bien instruit des devoirs de la Morale, „ sans laquelle nulle Législation ne peut „ être raisonnable." En un mot, il dit que „ vivre selon la raison, c'est vivre „ selon la Loi." (3)

LORSQUE l'on considere la mauvaise éducation qu'on donne communément à ceux que la naissance appelle au gouvernement des empires, la flatterie qui les enivre, les maximes hautaines dont on les empoisonne, l'air empesté que l'on respire dans les cours, l'on est tenté de croire qu'il est presque impossible de trouver la justice & la bonté unies au pouvoir su-

(3) Voyez ARIST. *Ethic. ad Nicomachum* Lib. X. cap. 9.

prême. À la vue des paſſions diverſes dont les nations ſont agitées, des intérêts qui diviſent à tout moment leurs chefs, des guerres atroces & continuelles qu'ils ſe font avec tant de légereté, du peu de bonne foi qui préſide à leurs traités, on croiroit que la Morale n'a rien de commun avec les intérêts de l'Etat, & même leur nuiroit directement. Enfin, en portant ſes regards ſur une foule d'anciennes erreurs, de folies contagieuſes, de paſſions diſcordantes qui ſéparent les citoyens, de vices que l'on ſuppoſe attachés aux climats, on s'imagineroit qu'il n'eſt point d'entrepriſe plus extravagante que de vouloir faire entendre aux hommes la raiſon, la vérité, la morale, qui ſeules peuvent les rendre heureux & ſociables. *Ce ne ſont point les climats, ce ſont les loix qui décident des mœurs* (4).

TROMPÉS par un coup d'œil ſi propre à décourager, bien des gens ont cru que les maladies des nations étoient totalement déſeſpérées, qu'elles devroient être abandonnées à leur ſort déplorable, qu'il y auroit de la folie, de la préſomption, de la témérité à vouloir entreprendre leur guériſon. D'après ces idées on regarde aſſez communément les Philoſophes mo-

_____

(4) *Voyez* Diſc. de M. GUITON DE MORVEAU, tome I. page 65.

raliftes comme de vains déclamateurs, comme des enthoufiaftes ridicules, des empyriques, & même plus fouvent encore comme des citoyens dangereux dont les principes troubleroient inutilement la Société, accoutumée depuis long-temps à fouffrir fes maux fans murmurer. Les Réformateurs en Politique qu'on a traité le moins féverement, ont paffé pour des rêveurs honnêtes, dont les idées ne pouvoient convenir qu'à des *Républiques de Platon*, à des *Utopies* chimériques. Quelqu'un a dit avec raifon, que *les fous reçoivent les confeils des Sages, comme les Sages reçoivent les confeils des fous.* (5)

L'ACCUEIL peu favorable que rencontrent dans un monde frivole ou pervers les vérités les plus utiles, ne doit pourtant pas décourager des citoyens fortement animés de la paffion du bien public. Le *temps*, a dit Séneque, *eft très-favant, car il découvre tout.* Les vérités importantes pour l'homme ne fe perdront jamais; inutiles fouvent aux races préfentes, elles feront le bonheur des races futures. Où en féroit l'efprit humain fi, contredits & perfécutés par leurs contemporains, des Sages

_____

(5) On fait que les idées, fouvent très-juftes & très-utiles, de M. l'Abbé de S. Pierre ont été long-temps regardées comme des folies, & qualifiées de *rêves d'un homme de bien* par le Cardinal du Bois.

A 3

n'avoient point femé pour une poftérité toujours plus équitable & moins prévenue que fes ancêtres, & qui jouit des avantages qu'ils ont follement dédaignés!

DES exemples préfents à nos yeux ne font-ils pas faits pour nous prouver, qu'il ne faut pas défefpérer du genre humain? Un Prince ami de la juftice & de l'ordre ne peut-il pas devenir en peu de temps le reftaurateur d'un vafte Empire? (6) La fageffe & l'équité, armées d'un grand pouvoir, font capables de changer en peu de temps la face d'un Etat. Le pouvoir abfolu eft très-utile quand il fe propofe d'anéantir les abus, d'abolir des injuftices, de corriger le vice, de réformer les mœurs. Le Defpotifme feroit le meilleur des Gouvernements fi l'on pouvoit fe promettre qu'il fût toujours exercé par des Titus, des Trajan, des Antonin: mais il tombe communément entre des mains incapables d'en ufer avec fageffe.

RASSURÉ par ces idées confolantes, que le citoyen, qui defire le bien-être

_____

(6) Les premiers moments du regne de Louis XVI, aujourd'hui régnant en France, femblent promettre à ce Royaume, accablé par deux renges très-longs & très-funeftes, le retour d'un bonheur totalement inefpéré. Il n'eft rien d'heureux que la nation françaife en foit en droit d'attendre d'un Prince rempli de bonté, de juftice, d'amour de la paix, de mépris pour le fafte, entouré de miniftres éclairés & vertueux.

de sa patrie, ose donc exposer en public les fruits de ses réflexions. Que la raison ne désespere plus de faire entendre sa voix à des êtres raisonnables. Que la Morale, toujours douce & paisible, ne renonce pas à ses droits sur des êtres sociables. La vérité, la justice, la vertu, ne sont pas faites pour être à jamais rébutées par les hommes, dont l'association ne pourroit subsister sans leur secours.

La Morale ne peut effrayer que la Tyrannie, qui, suivant Aristote, *consiste à commander contre leur gré à des hommes qu'elle contraint d'obéir.* Le Tyran soupçonneux ne regne que par la force sur des esclaves, qu'il a le plus grand intérêt de diviser & de corrompre : il déteste la vertu, toujours contraire à ses criminelles fantaisies : il écarte de ses yeux les citoyens honnêtes & sages, parce qu'il doit redouter leurs regards, parce qu'ils ont des ames trop nobles pour se prêter à ses vues. En un mot, le Tyran voudroit anéantir toute justice & toute regle, parce qu'elles condamnent à tout moment sa conduite insensée.

Rien n'est plus antipathique que la Morale & la Tyrannie. La vertu réunit les intérêts des hommes; la tyrannie ne cherche qu'à les séparer, afin de les détruire fucceffivement , & les uns par les autres. La vertu éleve les cœurs ; la tyrannie les déprime. La vertu fait prospérer les nations, lés rend heureufes & puiffantes ; la tyrannie s'afflige de leur profpérité, elle fe plait à les voir foibles & décharnées. Les bonnes loix font la fûreté d'un Etat, la tyrannie ne veut rien qui la gêne. L'équité , la concorde , la bienveillance mutuelle , l'humanité , la pitié , les bonnes mœurs enfin, qui font les liens de la vie fociale & privée , allarment un Gouvernement fondé fur la cruauté , fur la dépravation , fur la ruine de tout bien.

Si les vertus & les bonnes mœurs font incompatibles avec un mauvais gouvernement , elles fervent de fondement à un gouvernement raifonnable. Le Souverain y connoît des devoirs qui le lient avec fon peuple , & qui deviennent les gages de leur fûreté réciproque. Il eftime , il encourage, il récompenfe le mérite & les talents, parce qu'il les juge néceffaires au bien de l'Etat, utiles à fa propre gloire, capables de contribuer à la felicité générale, de laquelle dépend fa puiffance & fon bonheur perfonnel. Il s'intéreffe à la concorde, au bien-être des individus, des familles & des corps, parce que, loin de craindre leur union , il la regarde comme ſervant à ſa propre défenſe. Il ſe plait à jouir des vertus de chaque citoyen, parce que, comme l'obſerve Ariſtote, *les mêmes qualités & vertus qui conſtituent l'homme de bien doivent conſtituer le bon citoyen.* C'eſt dans le même eſprit que Pythagore conſeille à ceux qui ſont chargés de l'adminiſtration, de conduire leur maiſon de maniere à porter la même conduit dans le gouvernement de l'Etat.

Il n'y a donc qu'un gouvernement honnête qui puiſſe commander à de bons citoyens. Un Légiſlateur éclairé par la raiſon & l'équité eſt le ſeul qui puiſſe former des coopérateurs de ſes travaux politiques. Il faut que le Souverain ſoit juſte & bon lui-même, s'il veut régner ſur des ſujets vertueux. *Les mœurs du Prince,* dit Claudien, *ſont une leçon plus convaincante & plus forte que toutes ſes ordonnances.*

CHAPITRE II.

Idée sommaire des Loix fondamentales d'un bon Gouvernement.

On appelle *fondamentales* les Loix primitives d'un Etat, destinées à fixer les formes diverses de Gouvernement adoptées par les nations. Quelques peuples ont voulu qu'un seul homme les gouvernât, & formerent ainsi des *Monarchies* : d'autres ont cru devoir confier l'administration à des citoyens distingués, & ont ainsi formé des *Aristocraties* : d'autres peuples ont voulu se gouverner eux-mêmes, ou du moins se réserver le choix des citoyens qu'ils chargeoient pour un temps des soins du Gouvernement ; c'est ainsi qu'on a formé les *Démocraties* : enfin quelques nations ont cru devoir combiner ces différentes manieres de gouverner ; ce qui produisit des Gouvernements mixtes ou mêlangés.

Quelle que soit la forme d'un Gouvernement, comme il ne peut se proposer d'autre but que la conservation & le bonheur de la Société gouvernée, il doit toujours prendre la Morale pour bafe; jamais il ne peut fans danger s'écarter de fes principes, faits pour guider tous les pas des Souverains & des Sujets. Le Monarque, dès qu'il s'éloigne de la juftice & de la vertu, devient un ufurpateur; il ne gouverne plus, il tyrannife; il n'a plus d'autorité légitime, parce que l'autorité, pour être jufte, ne peut être fondée que fur le bien qu'on fait aux hommes.

Si, comme dans l'Ariftocratie, des citoyens choifis pour gouverner un peuple, perdant la Morale de vue, facrifient l'intérêt public à leur ambition, à leurs paffions jaloufes, à l'intérêt de leurs familles, ils font des prévaricateurs; leur autorité devient une ufurpation manifefte, & leur gouvernement fe change en tyrannie.

Lorsqu'un Peuple dans la Démocratie, abufant du pouvoir qu'il retient dans fes mains, fe livre en aveugle à fes paffions orageufes, exerce fon envie contre le mérite qui lui fait ombrage, montre fon ingratitude aux gens de bien qui l'ont fidelement fervi, perfécute ou bannit les plus éminentes vertus; alors, violant les regles faintes de la Morale, la Démocratie dégénere en une tyrannie qui travaille à fa propre ruine. L'injuftice eft l'écueil du pouvoir pour les nations, ainfi que pour chaque citoyen.

EN un mot, les annales de l'univers nous montrent à chaque page que les trônes, les empires, les peuples & leurs gouvernements, se sont anéantis pour avoir violé les devoirs toujours sacrés de la Morale. L'histoire du monde nous prouve, que les vices & les passions des Souverains & des peuples furent toujours la vraie cause de la ruine des Sociétés, & que la vertu peut seule les soutenir, & les rendre heureuses. La justice, la bonté, la réunion des intérêts de tous les citoyens avec ceux de leurs chefs, voilà l'unique moyen de conserver un Etat & de lui donner la consistance nécessaire pour durer, pour résister aux coups de la fortune.

ON ne peut donc adopter le principe du célèbre Auteur de l'*Esprit des Loix*, lorsqu'il dit que *l'honneur est le ressort du Gouvernement monarchique, que la vertu est celui du Gouvernement républicain.* Comment un Philosophe éclairé a-t-il pu distinguer *l'honneur* de la *vertu*, sans laquelle il ne peut y avoir ni honneur véritable, ni gloire réelle, ni bonheur permanent pour aucune nation ? Reléguer la vertu dans les Républiques, n'est-ce pas supposer qu'elle ne peut pas se trouver dans les Monarchies, qu'elle seroit déplacée chez les Rois ? Montesquieu, comme Aristote, auroit-il pensé *qu'il ne se trouvoit pas de Rois véritables de son temps, & qu'il n'y avoit que des Tyrans.* (7)? Enfin cet auteur sublime, à qui la raison humaine a de si grandes obligations, auroit-il fait l'injure aux sujets des Monarchies de croire que, peu susceptibles de vertus, ils ne pouvoient être remués que par une vanité puérile, par des distinctions frivoles qui dépendent des caprices d'un maître?

N'ADMETTONS pas des suppositions aussi fâcheuses que peu fondées: croyons que, si la vertu est totalement incompatible soit avec le despotisme, dont le ressort est la crainte, soit avec la tyrannie, qui n'est que le brigandage d'un seul exercée contre tous, la morale, & la vertu font parfaitement compatibles avec une Monarchie sagement constituée, où elles feront le bonheur du Souverain & des sujets. Dans tout Gouvernement raisonnable l'honneur & la vertu doivent être inséparables; il n'est point de Souverain ou de nation qui puisse se passer de la Morale: il n'y a pas de bonnes loix à la formation desquelles la Morale ne doive présider.

SI dans tous les gouvernements les Loix fondamentales ou primitives sont défectueuses, insuffisantes, méconnues, dégénérées en abus, c'est que les passions ont communément bien plus con-

(7) Voyez ARISTOT. *Politic. Lib. V. cap.* 10.

tribué que la Morale ou la raison à la formation des gouvernements ; c'eſt que l'impoſture ou la force ont fondé bien des empires ; c'eſt que l'ignorance, l'imprudence, la crédulité, l'inertie, ont fait admettre des maximes, des uſages '& des loix ſouvent pernicieux, contre leſquels les peuples, enchaînés par l'habitude ou la force, n'ont pu réclamer ; c'eſt que les vrais principes de la Morale, ſur laquelle on a tant écrit, ſont encore ignorés du plus grand nombre des hommes, qui distinguent à peine le juſte de l'injuſte, le bien du mal, l'honnête de ce qui eſt honteux ou criminel : enfin, ſi tant de Souverains ont abuſé de leur pouvoir, c'eſt qu'ils n'ont pas connu la maniere d'en bien uſer pour leur propre bonheur, toujours lié à celui de leurs peuples ; c'eſt que les chefs des nations n'ont pas ſenti que, pour leur propre intérêt, ils devroient ſe ſoumettre à des regles, donner un frein à leurs paſſions, ſe mettre dans l'heureuſe impoſſibilité de ſe nuire à eux-mêmes en traverſant le bonheur de leurs ſujets. Toute autorité, pour être aſſurée, doit être modérée. (8)

(8) *Ea demum tuta eſt potentia, quæ viribus ſuis modum imponit.* V. PLINII PANEGYRIC. C'eſt ce que pratiquoient les Romains ſuivant Cicéron : *firmior ut effet, moderatiorem inſtituerunt.* Feu* M. le Marquis d'Argenſon avoit fait un ouvrage dont le titre étoit : *Bien gouverner, ne pas trop gouverner.*

Tout Souverain eſt homme, ſujet aux mêmes paſſions que le ſimple citoyen. Celui-ci, par la crainte des loix, eſt forcé de les contenir; tandis que l'autre, armé d'un grand pouvoir, penſe qu'il n'a rien à craindre: mais cette idée le trompe; il doit craindre la haine de ſes ſujets, le déſordre public, le renverſement de ſon trône, le reſſentiment des malheureux qu'il opprime, les vices qu'il a nourris dans les cœurs de ſes eſclaves. Pour éviter ces cataſtrophes, ſi communes aux mauvais Princes, le Souverain, en garde contre ſes propres deſirs, vivra dans la défiance & la crainte de lui-même; il ne ſera point jaloux d'une autorité ſans bornes; il en ſacrifiera une partie, pour jouir plus ſûrement de celle qui lui doit reſter; en un mot, il ſe liera prudemment les mains, dans la crainte de bleſſer ſon peuple, dont la félicité doit toujours être la ſienne. ,, L'Empire le plus ferme, dit ,, Tite-Live, eſt celui auquel on obét ,, avec joie." (9)

Non content de travailler au bonheur préſent de ſes ſujets, un bon Roi doit encore l'aſſurer pour l'avenir: ſenſible à la vraie gloire, il veut que ſa mémoire

---

(9) *Certè id firmiſſimum longè imperium eſt, quo obedientes gaudent.* T. Liv. lib. VIII.

foit chere à la poftérité; il veut régner encore fur les cœurs du fond même du tombeau, ainfi, fachant que le Monarque le plus fage peut être remplacé par un Tyran infenfé, il liera fes defcendants par des loix tellement unies à la conftitution de l'Etat, que la méchanceté ne puiffe fans danger les enfreindre ou les anéantir.

Les foins qu'exige le gouvernement d'un grand empire font tellement multipliés, qu'il feroit impoffible qu'un Prince pût porter fes regards fur toutes les parties de fon Etat, & pût être inftruit des befoins, des maux, de la fituation, des vœux de tous fes fujets. Ainfi, pour que le Souverain, en garde contre les menfonges & les flatteries des courtifans qui l'entourent, puiffe entendre diftinctement la voix libre des citoyens, les Loix fondamentales doivent établir d'une façon ftable un corps de Repréfentants, choifis parmi les citoyens les plus integres, les plus éclairés, les plus intéreffés au bien public, & chargés de ftipuler les intérêts qui leur font communs avec leurs concitoyens.

Pour prévenir l'infidélité de ces Repréfentants; les Loix fondamentales doivent empêcher que les élections ne fe faffent par la brigue, par l'intrigue, par la vénalité, au milieu du tumulte. Tout homme

homme convaincu d'avoir obtenu fa place par ces routes indignes, mérite d'être exclus pour jamais du droit de ftipuler les intérêts de fon pays. Le Scrutin paroît la voie la plus fûre pour rendre les élections tranquilles.

La Loi fondamentale devroit conférer aux Repréfentants le droit immuable de s'affembler, fans attendre la convocation du Prince, que des miniftres & des flateurs peuvent fouvent détourner d'entendre les plaintes les plus juftes & les plus preffantes de fon peuple.

C'est dans le confeil des Répréfentants de la nation que toutes les Loix doivent fe faire, fe difcuter, fe corriger, s'abroger. Alors toute la nation concourt à la formation des regles qu'elle doit fuivre, des impôts qu'elle doit payer, des guerres qu'elle doit entreprendre ou terminer, des facrifices qu'elle doit faire pour fa propre fûreté, des dettes qu'elle peut contracter. Mais il feroit peut-être utile que des loix rigoureufes empêchaffent un Etat de s'endetter. Des impôts paffagers, quelque forts qu'ils puffent être, ne feroient-ils pas plus avantageux que des dettes accumulées dont les nations demeurent pour toujours accablées? Un grand crédit ruine fouvent un peuple comme un particulier. (10)

(10) Voyez ce qui fera dit fur ce fujet *chap.* *XI.* à la fin.

Comme une fatale expérience prouv
que les intérêts du Prince se séparent sou
vent de ceux de sa nation, tous ceux qu
le Souverain salarie devroient, comme sus
pects, être exclus par la loi du droit d
parler pour le peuple; personne ne peu
servir également deux maîtres. L'honneu
seul doit suffire aux Représentants d'u
Etat. Une nation vénale, & tourmenté
de la soif de l'or, ne doit point se flatte
d'être fidelement représentée.

La loi doit toujours subordonner le
Députés ou Représentants nationaux
leurs constituants : ceux-ci doivent avoir l
droit de punir & de révoquer avec ignominie pour l'abus qu'on pourroit faire de
leur confiance. Dans un gouvernemen
bien organisé nul homme, quelque rang
qu'il occupe, ne doit être exempt de la
crainte d'être puni pour des crimes.

Un Souverain, sincerement animé de l'a-
mour du bien public, ne devroit point être
jaloux du droit de nommer des Ministres,
dans le choix desquels il peut être à tout
moment trompé; il préferera sagement des
conseils stables & permanents, destinés à
expédier dans chaque département des affaires que souvent la tête d'un seul homme
ne peut embrasser. Des Conseils portent
dans l'administration une fixité que l'on ne
peut attendre de Ministres qui se succedent

vec rapidité, & dont les idées, les systêmes, les mœurs & les lumieres, sont rarement d'accord avec ceux de leurs prédéces-
seurs. On prétendra, peut-être, que des
Conseils retarderoient l'expédition des affaires par la lenteur de leurs mouvements : mais
la vigilance du Prince peut accélérer leur
marche ; & les décisions d'un Conseil seroient bien moins arbitraires que celles
d'un seul homme, que son pouvoir & ses
plaisirs peuvent rendre injuste ou négligent.
SI le Prince croyoit devoir préférer des
Ministres à des Conseils, les loix fondamentales d'un Etat bien constitué devroient
obliger ces dépositaires de l'autorité à
rendre compte de leurs entreprises & de
leur gestion à la Patrie : par-là, le Souverain seroit lavé aux yeux des peuples des
malversations & des fautes qui lui peuvent
être imputées, & que des Ministres pervers osent souvent rejetter sur les ordres.
Cette comptabilité seroit très-propre à
contenir les passions & à aiguilloner la vigilance. *Il est utile*, dit Tite Live, *qu'aucun citoyen ne devienne trop puissant ou trop
grand pour pouvoir être attaqué juridiquement : rien n'est plus propre à conserver l'E-
tat, que de voir les hommes les plus consi-
dérables soumis aux loix comme tous les autres.* (11)

(11) *Expedit Reipublicæ, neminem ita se extollere ut legibus*

PUISQUE tout Gouvernement ne doi[t] avoir pour but invariable que -le bonheu[r] de la nation gouvernée, les Loix fonda[-] mentales doivent affurer, de la façon l[a] plus folennelle, *I.* la *Liberté*, qui eft l[e] droit de faire pour fon propre bonheur ou pour fon propre intérêt, tout ce qu[i] n'eft pas contraire au bonheur ou aux in[-] térêts des autres. *II.* Les Loix doiven[t] affurer irrévocablement la *Propriété*, c'eft[-] à-dire, la poffeffion fûre & tranquille de[s] chofes que le citoyen a pu juftement ac[-] quérir. *III.* Des mêmes Loix doivent pro[-] curer à tout citoyen la *Sureté* pour f[a] perfonne tant qu'il eft jufte, ou tant qu'i[l] ne fe rend pas nuifible à la Société. Une nation fe trouve fous la tyrannie la plu[s] affreufe, lorfqu'il dépend de la paffion ou[ ] du caprice de tout homme puiffant de faire[ ] emprifonner ou difparoître le citoyen qu[i] lui déplait. (12)

interrogari non poffit; cum nihil magis confervet rempublicam, quam potentiffimos legibus fubjectos effe. TIT. LIV. lib. XXI.

(12) Dans un pays pour lors foumis au defpotifme, on vit, il y a peu d'années, un Miniftre, fur la priere de fon valet de chambre, expédier un ordre au nom du Souverain, pour enfermer un honnête citoyen dont la femme avoit plu à ce valet, qui ne vouloit point être gêné dans fes plaifirs. Le droit de l'*habeas corpus* fait en Angleterre la fûreté du citoyen contre le defpotifme des miniftres: en vertu de ce droit tout homme emprifonné doit dans les 24 heures être examiné par fes Juges naturels, & peut obtenir une réparation du Miniftre quand il a été injuftement privé de la liberté.

Ainsi, fans la juftice il ne peut y avoir dans un Etat ni liberté, ni propriété, ni fûreté. La Liberté ne peut être que le pouvoir d'exercer fes facultés d'une façon qui ne nuife à perfonne. La Propriété eft le droit de poſséder juftement ou fans préjudice des autres. La Sûreté perfonelle eft le droit de ne rien craindre de perfonne, en ne faifant tort à perfonne.

Faute d'avoir fait attention à ces principes, nous voyons, chez les anciens & les modernes, des peuples qui paſſoient pour libres, qui fembloient jouir d'un bon gouvernement, à la felicité defquels rien ne fembloit manquer, & qui pourtant n'ont été nullement heureux & fe font vus entraînés à la ruine. La liberté des Athéniens ne fut qu'une affreufe licence, qui permettoit à un peuple fans vertu d'exercer fes paſſions effrénées, fes folies, contre les meilleurs citoyens. Chez les modernes la liberté de la Pologne confifte dans le pouvoir qu'ont les Magnats de tyrannifer leurs ferfs & de déchirer le Royaume, fans être réprimés ou punis par aucune autorité.

Le peuple Anglois, fi glorieux de fon Gouvernement libre, ne paroît pas avoir lui-même des idées bien précifes de la vraie liberté, qui jamais ne peut s'écarter de la juftice & de la vertu fans dégénérer en licence, en Anarchie: celles-ci finiſſent

toujours par amener la tyrannie. Ce n'eſt
point être libre que de troubler impunément le repos des citoyens, d'inſulter le
Souverain , de calomnier des Miniſtres
de publier des libelles, d'exciter des émeu-
tes , &c.   Ce n'eſt point être libre que de
pouvoir effrontément braver la décence.
On n'eſt pas vraiment libre quand on n'a
pas des loix qui préviennent le déſordre
& les crimes. Il ne peut y avoir de vraie
liberté dans une nation injuſte , avare ,
vénale , corrompue. La liberté n'eſt qu'une
arme dangereuſe entre les mains de citoyens privés de mœurs & de raiſon.

Ce ſont les bonnes mœurs qui font les
bons citoyens, c'eſt-à-dire, des hommes
capables de faire un bon uſage de la liberté, incapables d'en abuſer. Une Education morale & nationale peut ſeule former à l'Etat des ſujets honnêtes & dignes
de la liberté. Ainſi l'Education publique,
ſi honteuſement négligée, devroit être l'un
des principaux ſoins d'un bon Gouvernement; juſte lui-même, il doit former des
citoyens qui lui reſſemblent.

Les Tribunaux, deſtinés à rendre la
juſtice aux citoyens, doivent être établis
ſolidement par les Loix fondamentales &
primitives d'un Etat. Leur ſort ne doit
point dépendre des fantaiſies ſouvent injuſtes des cours. La juſtice eſt le plus

preſſant beſoin des peuples ; on ne peut
ſans crime en ſuſpendre l'exercice ; elle
doit étendre également ſon pouvoir ſur tous
les citoyens, qui ſont égaux à ſes yeux.
Les *Commiſſions* particulieres, ainſi que les
Evocations, ſont des moyens qui ne conviennent qu'à la tyrannie, & qui doivent
être bannis de tout bon gouvernement.

LES Loix fondamentales doivent fixer
les droits de la Religion établie chez un
peuple, le ſort de ſes Miniſtres, la conduite extérieure qu'ils ont à ſuivre. Mais
ces Loix ne doivent jamais s'immiſcer dans
les dogmes, ni prétendre ſonder les opinions des citoyens paiſibles ; elles proſcri-
ront à jamais l'intolérance, les diſputes,
les harangues du fanatiſme, & ſur-tout les
fureurs de la perſécution. La tyrannie ſur
la penſée eſt la violation la plus cruelle,
la plus révoltante & la plus inutile de la
liberté de l'homme. Une nation chrétienne,
dans laquelle on perſécute, méconnoît ou
foule aux pieds les maximes de ſa religion.
Un gouvernement perſécuteur travaille évidemment à faire d'une partie de ſes ſujets
des ennemis, des révoltés. Une religion
intolérante ſeroit fauſſe, & ne pourroit
être émanée d'un Dieu qui créa l'homme
pour vivre en ſociété. Une religion qui
inſpireroit de la haine, à cauſe de la di-
verſité des opinions, ne ſeroit point faite

pour des êtres deftinés à s'aimer, à vivre paifiblement entre eux fans voir les mêmes objets des mêmes yeux.

Sous un gouvernement jufte & fage es loix devroient affurer la liberté de produire fes penfées: la liberté de la preffe n'eft redoutable que pour la tyrannie, toujours inquiete & foupçonneufe. Un bon gouvernement ne craint ni la fatyre ni la critique; il profite avec plaifir des lumieres & des vues que peut quelquefois lui préfenter le moindre des citoyens. Les loix ne devroient flêtrir que les écrits calomnieux, les ouvrages licencieux, qui feuls nuifent réellement à la fociété. Les difcuffions métaphyfiques ne conviennent qu'à très-peu de perfonnes: les écrits politiques peuvent contenir des idées que les hommes qui gouvernent font maîtres de juger, d'adopter ou de rejeter. Les fyftêmes extravagants font affez punis par le mépris, le ridicule & l'oubli.

Dans toute fociété politique le citoyen doit facrifier une portion de fa propriété pour mettre le Gouvernement en état de lui conferver le furplus, de protéger la nation, d'y maintenir le bon ordre & la fûreté, &c. Cette contribution fe nomme Impôt. La juftice veut qu'il foit porté par tous les membres de la Société, à proportion des avantages qu'ils en retirent

& que le Gouvernement leur affure. Dans les pays foumis à l'injuftice defpotique, des Tyrans avides décident arbitrairement des contributions que doit payer une nation qu'ils traitent en ennemi. Sous un tel brigandage les plus grands, les plus riches, les plus favorifés, fous le nom d'*exemptions*, de *privileges*, de *prérogatives*, font communément débarraffés d'une partie des fardeaux dont le cultivateur indigent eft fouvent accablé. La loi doit à jamais proscrire les impôts arbitraires, qui toujours dépendent des paffions de l'homme revêtu d'autorité. La loi doit fixer invariablement ce que tout citoyen doit payer à la Patrie, dans la proportion la plus jufte poffible, des biens qu'il poffede. (13). Les exemptions à cet égard font vifiblement des outrages à l'équité, dont un Gouvernement honnête ne doit jamais être complice. Des loix plus juftes & plus morales peuvent anéantir de prétendus droits qui ne font que des ufurpations réelles, des violations manifeftes des droits imprescriptibles des nations. Le Souverain lui-

(13) La confection d'un *Cadaftre*, qui fixeroit les poffeffions des citoyens avec autant d'exactitude qu'il feroit poffible, feroit le moyen le plus fûr pour faire difparoître l'arbitraire, & pour rendre l'impôt territorial plus égal & plus jufte. Chaque village ou diftrict ne pourroit-il pas, à peu de frais, former fon propre cadaftre fous les yeux d'un Magiftrat & d'un Ingénieur.

même, s'il est juste, doit volontairement renoncer à tous droits ou prérogative que la nation trouve contraires au bien public, à qui tout dans un Etat doit être furbordonné.

Toujours guidée par la Morale, la Législation devroit donc faire disparoître ces vexations fans nombre introduites par la conquête, le trouble & la violence. Pour ne faire aucun tort aux poffeffeurs actuels de ces droits iniques dans leur origine, que la loi permette au moins aux cultivateurs, écrafés par tant d'impôts onéreux, de fe racheter peu-à-peu de ces injuftes fervitudes. La fubfiftance du citoyen doit être préférée aux amufements des riches.

Soumises à des loix particulieres, qui dépendent uniquement des paffions & des caprices d'un Defpote, les armées font trop communément fouftraites à l'empire des mœurs, qui devroit commander à tous les citoyens. Le militaire méprife l'autofité du Magiftrat civil, qui n'eft pas faite pour le réprimer; il méconnoît très-fouvent les droits de la Morale & de l'équité, dont il devroit être le défenfeur & le foutien. Une Législation morale devroit foumettre les armées aux mêmes regles qui lient tous les membres de la fociété: elle ne devroit admettre parmi les défenfeurs de l'Etat que des citoyens attachés à la

Patrie, intéressés à son bien-être, disposés à le maintenir ; elle pourroit du moins exiger ces dispositions des officiers & des chefs qui dirigent la conduite du soldat moins éclairé. Les Souverains, plus instruits de leurs vrais intérêts, ne dévroient-ils pas voir que des armées trop nombreuses dépeuplent leurs Etats, devorent leurs nations, mettent les peuples dans l'impuissance de fournir à leurs besoins ? Des Princes instruits par l'histoire de tous les temps & de tous les pays, de tous les Despotes & Tyrans, ne s'appercevront-ils jamais qu'une soldatesque licencieuse & mercenaire fut toujours aussi redoutable pour les Princes que funeste à leurs Sujets ? *Sous un Tyran*, dit Tertullien, *tout homme est un soldat.*

Une Loi morale, fondamentale, permanente, irrévocable, devroit interdire à jamais les conquêtes : une nation équitable les regardera comme des vols infructueux, qui ne sont propres qu'à lui susciter des ennemis sans nombre, des guerres interminables & ruineuses, dont l'effet sera toujours de sacrifier la félicité sociale à des espérances incertaines où à des craintes peu fondées.

Content d'être à la tête d'un peuple heureux & puissant, assez fort pour repousser les invasions de ses voisins, un

Souverain vertueux devroit renoncer pour toujours à ses prétentions personnelles sur des Etats éloignés. La Patrie est la vraie famille du Souverain; il ne doit point l'immoler à des intérêts domestiques & privés. Des possessions lointaines diminuent les forces d'une nation, & ne sont propres qu'à distraire l'attention du Souverain.

D'un autre côté la nation doit s'occuper du soin de procurer à ses chefs tout le bien-être qu'ils méritent par leur vigilance & leurs travaux. Les peuples reconnoissants doivent entourer la puissance souveraine de tout l'éclat nécessaire pour la rendre vénérable aux yeux des étrangers & des citoyens. Mais cet éclat doit être proportionné aux facultés des nations. Rien n'est plus affligeant pour un peuple, que de se voir dans la misère pour subvenir au faste insultant d'un Despote orgueilleux, & au luxe de sa cour.

Ce n'est point par un vain éclat, ce n'est point par des palais somptueux, par des dépenses énormes, par une cour fastueuse, qu'un Souverain peut se faire considérer de ses sujets & des peuples étrangers : c'est par la sagesse de son administration, par la justice de ses loix, par le bon choix de ses ministres, qu'il rend son empire respectable & puissant. C'est par sa bonne foi, par sa fidélité dans ses engagements, par ſes vertus, qu'il peut exciter l'admiration & la confiance de ſes voiſins, & leur donner une haute idée de ſa nation. Un bon Roi fait la gloire de ſon peuple, & ne peut manquer de le faire reſpecter au dehors. On hait toujours un Tyran; ſes ſujets ſont des objets de mépris ou de pitié.

Pour inſpirer efficacement aux Princes les ſentiments néceſſaires au bonheur des peuples, la Loi fondamentale devroit, dans les Monarchies ſagement conſtituées, régler l'éducation de celui que ſa naiſſance appelle au trône. La nation a droit de veiller ſur les premieres années de ceux qui regleront un jour ſes deſtinées. La mauvaiſe éducation que des courtiſans flatteurs, imbécilles ou pervers, donnent communément aux Princes, eſt la ſource ordinaire de tous les malheurs des peuples. Le Prince ne peut devenir qu'un tyran, lorſque l'éducation l'aveugle au point de lui perſuader que ſes ſujets lui doivent tout, & qu'il ne doit rien à ſes ſujets.

Telles ſont en peu de mots les objets principaux dont peuvent s'occuper les Loix fondamentales des nations qui voudront pendre la morale, l'équité, la raiſon pour leurs guides. Des loix formées ſur ces principes tendront à réunir les intérêts du Souverain & ceux de ſes Sujets. En fe foumettant à des loix équitables, en renonçant aux avantages trompeurs du despotifme, en fe privant du pouvoir fatal de nuire, en laiffant jouir les peuples d'une jufte liberté, très-éloignée de la licence, les Princes jouiront eux-mêmes d'un pouvoir inébranlable, d'un bonheur affuré, d'une félicité toujours inconnue de ces tyrans qui regnent en tremblant fur des esclaves chagrins, engourdis & fans mœurs. Des loix fondées fur la Morale font le bonheur conftant des nations, des Souverains, de toutes les claffes de citoyens, des familles & des individus. Sans Morale ou fans vertu nul homme, nulle fociété, nul peuple, ne peuvent être heureux fur la terre.

CELA pofé, nous allons parcourir les effets avantageux que des Loix vraiment juftes ou morales feroient capables de produire fur les différents ordres des citoyens dont une nation eft compofée, qu'une Légiflation éclairée doit inviter & porter à la vertu. Le defpotifme & la tyrannie traînent les hommes au malheur; la juftice feule les gouverne, ou les conduit avec douceur vers la félicité.

CHAPITRE III.

Des Loix morales pour les Grands d'un Etat.

L'AMBITION eſt le deſir naturel à tout homme de s'élever au-deſſus de ſes ſemblables, d'être diſtingué parmi ſes concitoyens, d'exercer du pouvoir ſur eux. Çette paſſion, réglée par la juſtice & la bienfaiſance, eſt très-louable; elle ne peut être blâmée que lorſque, ſe propoſant l'intérêt particulier, elle contrarie l'intérêt général. Le Gouvernement peut employer utilement cette paſſion, inhérente à la nature humaine, pour opérer le bien de la Société: en n'appellant aux places de l'adminiſtration que les citoyens les plus diſtingués par leurs talents & la bonté de leur caractere, un Etat ſe remplira bientôt de ſujets propres à les remplir dignement.

Le Souverain a deux moyens d'agir puiſſamment ſur les paſſions de ſes ſujets; ce ſont les châtimens d'un côté, les récompenſes de l'autre. Les honneurs, les dignités, le rang, le crédit, la faveur, les titres, les places à la cour, la nobleſſe, en un mot tout ce qui diſtingue un homme & lui donne du pouvoir, doit être regardé comme récompenſe: tout ce qui prive un citoyen de ces avantages eſt un vrai châtiment; l'homme ne peut ſans chagrin décheoir de la grandeur: un courtiſan eſt autant puni par la diſgrace du Prince que par un ſupplice rigoureux.

PAR un effet trop ordinaire le pouvoir enivre l'homme & lui fait oublier ſes devoirs; plus il a d'empire ſur les autres, moins il ſe croit obligé d'avoir pour eux des égards, des ménagements, & même de l'équité: enorgueilli par la faveur & la protection du maître, il s'imagine n'avoir beſoin de perſonne; l'amour-propre lui perſuade que ſa faveur eſt faite pour n'avoir plus de fin; bientôt il ſe néglige, &, ſûr d'être impuni, il ſe livre à la méchanceté. C'eſt ainſi que les grandes places corrompent très-ſouvent les plus heureux naturels, & transforment quelquefois les perſonnes du meilleur caractere en hommes très-dangereux.

PEU content de mettre de l'attention dans le choix des perſonnes auxquelles il donne ſa confiance, le Souverain doit encore prévoir & prévenir les altérations que le pouvoir peut produire dans leurs ſentiments & leur conduite: il doit veiller ſans ceſſe ſur ceux qu'il a chargé de veiller ſur les autres. Toujours en défiance contre ſes propres paſſions, contre ſes propres

penchants,

penchants , contre la féduction qui l'environne ; le bon Prince ne doit pas perdre fes Miniftres de vue. En veillant fur leur conduite il remplit fon devoir & veille fuffifamment fur toute fa nation, il donne tous les foins qu'il peut à l'adminiftration d'un grand Etat , dont nul homme n'eft capable d'embraffer les détails.

Un des plus grands malheurs attachés à la condition des Rois, c'eft de ne point entendre la vérité. L'étiquette orgueilleufe qui, trop communément, les environne, ne permet qu'à des Miniftres & à des Grands d'approcher de leur perfonne ; par-là les cris du peuple ne font prefque jamais entendus de ceux qui pourroient les faire ceffer. Des favoris, des courtifans, fouvent très-criminels, affiegent affidument le trône , & font pour ainfi dire un *monopole* du Souverain : il ne femble régner que pour ceux qui l'entourent.

Tout Souverain doit être l'homme de fon peuple ; il n'appartient point exclufivement à des Miniftres, qui peuvent le tromper , ou à des Courtifans , toujours prêts à le féduire. Ainfi dans tout gouvernement équitable les barrieres du trône devroient s'ouvrir à tous les citoyens. Le Prince eft fait pour écouter les plaintes de fes fujets ; des Loix conftantes devroient lui impofer de remplir cette obligation , importante à son bonheur, à celui de l'E-tat, à sa propre sûreté. N'est-il donc pas des Ministres qui, à l'insu de leur maître, exercent une tyrannie propre à le rendre odieux à ses sujets? N'est il pas des grands que leur naissance ou leur cré-dit autorisent quelquefois à commettre des crimes ? Des exemples sans nombre ne prouvent-ils pas que les Rois furent très-souvent les victimes des complots de leurs courtisans les plus favorisés ?

U n bon Monarque n'a point d'ami plus sincere que son peuple. Il n'y a que la ty-rannie, toujours ombrageuse, qui doive rendre le Prince inaccessible à ses sujets. Cependant il n'est point de précaution qui puisse le mettre à l'abri des coups du dés-espoir. Celui qui est l'ennemi de tous ses sujets doit les craindre tous. Le parti le plus sûr pour le Souverain est d'être bon. *La justice*, a dit un grand homme, *est la bonté des Rois.* (14) Cette bonté fait leur sûreté.

A i n s i le Prince ne risque rien, & peut beaucoup gagner en écoutant les plain-tes & les vœux de ses sujets: ces plaintes peuvent être bien ou mal fondées ; ces vœux peuvent être indiscrets ; le Souve-

____

(14) Voyez les Remontrances de la cour des Aydes de Paris de 1771. attribuées à M. le Préfident de Malesherbes, aujourd'hui Ministre de Louis XVI, & l'Ariftide des François.

rain doit les peſer, mais ils ne les ſoumettra pas au jugement des accuſés, ou d'un Conſeil ſouvent intéreſſé à étouffer les gémiſſements des malheureux & à ſauver les illuſtres coupables. Il vérifiera ſoigneuſement les faits; il livrera les crimes à la déciſion des tribunaux légitimes; il punira les négligences & les fautes moins graves ſoit par des corrections ſecretes, ſoit par une éclatante diſgrace, qui annonce à ſon peuple qu'il l'aime, & que ſes yeux ſont toujours ouverts pour veiller à ſa ſûreté.

D'un autre côté les loix doivent rigoureuſement châtier les impoſteurs, les calomniateurs infâmes qui, ſans autre motif que des haines perſonnelles ou des paſſions cachées, vont ſemer la défiance entre le Prince & ſes coopérateurs. C'eſt ſans doute un crime très-puniſſable que celui de ces vils délateurs que l'envie arme contre les gens en place. Les Miniſtres les plus integres ſont les plus expoſés à la haine d'une foule de courtiſans, qui ne proſperent qu'au milieu du déſordre de l'Etat. Le retour du bon ordre eſt le plus grand des malheurs aux yeux des courtiſans corrompus.

C'eſt ſur-tout ſur la conduite & les mœurs de ces hommes hautains, avides, inquiets, intriguants, déſœuvrés, dont les cours ſont remplies, que le Souverain équitable doit porter ses regards. Bien loin d'accorder des privileges, qui trop souvent sont le droit de faire le mal impunément, les Princes devroient redoubler de sévérité pour punir des grands dont l'exemple influe de la façon la plus directe sur les mœurs des nations. Un courtisan pervers, un proxénete avili, un intriguant audacieux, revêtu d'un grand pouvoir, suffira quelquefois pour corrompre toute une ville, toute une province. A l'aspect de ce Sous-Tyran la pudeur sera forcée de fuir; les femmes se livreront à l'adultere, elles seront arrachées des bras de leurs maris; des filles innocentes deviendront la proie des séducteurs; & pour achever la déstruction des mœurs, le luxe ira s'établir dans les demeures habitées autrefois par la modération, le travail & l'œconomie.

Quelle disgrace assez solemnelle, ou plutôt quel châtiment ne mériteroit pas un Courtisan, un Grand, que l'on pourroit convaincre d'avoir ainsi putréfié une masse immense de citoyens? Cependant, garanti par son crédit ou par l'indulgence du Gouvernement, un tel homme jouira de l'impunité, & s'applaudissant de ses forfaits, montrera son front audacieux au public indigné!

Un Souverain vertueux ne doit accorder de la faveur, du crédit, de l'autorité

qu'à des perſonnes diſpoſées à le repréſenter dignement aux yeux de ſes ſujets. Les
mœurs des hommes chargés des détails de
l'adminiſtration doivent annoncer au peuple les mœurs de leurs maîtres : quelles
idées ces peuples ſe formeront-ils du Monarque, s'ils ne voient dans les Grands
qu'ils leurs envoient que des tyrans avides,
diſſolus, plongés dans la débauche, dépourvus de mérite & de vertus? Quelle
tendreſſe pour le Prince, quelle opinion
de ſon gouvernement pourront avoir des
citoyens ſans reſſource contre l'oppreſſion
& la violence, quand ils verront que leurs
plaintes ſeroient vaines contre le crédit,
la faveur & l'intrigue qui les écraſent.

LE crédit à la cour n'eſt pour l'ordinaire que le pouvoir d'opprimer, de faire
réuſſir des entrepriſes injuſtes & difficiles,
de violer toutes les regles, de franchir par
la force ou l'intrigue les obſtacles que
l'équité met aux prétentions. (15) Un
grand crédit auprès du Prince ſignifie communément abuſer de ſa confiance ou de
ſa ſimplicité pour le porter à faire des
injuſtices, des paſſe-droits, des ſotiſes propres à le faire blâmer ou mépriſer. Tout

____

(15) On ſait le mot de la Princeſſe des Urſins, favorite de
Philippe V, qui, ſollicitée de faire réuſſir une affaire très - juſte
& très-facile, ne voulut pas s'en mêler, & dit, *je ne me mêle
jamais que des affaires injuſtes & impoſſibles.*

C 3

Souverain qui se laisse gouverner par des femmes, ou par des favoris, perd bientôt la considération & l'amour de ses Sujets; ceux-ci deviennent communément, les victimes de sa foiblesse. Rien de plus malheureux qu'une nation dont le Prince a besoin de se laisser gouverner.

Les intrigues & les cabales qu'on voit si souvent régner dans les cours, annoncent toujours la perversité des courtisans & l'incapacité du maître. Les voies obliques, les menées tortueuses, décelent des desseins injustes qu'on n'ose point avouer: il faut alors des détours & des ruses pour circonvenir le Prince, ou pour tendre des pieges. La vertu, simple dans sa marche, est toujours accompagnée de la droiture; le mensonge, l'imposture, la trahison, la fourberie, sont obligées de se cacher dans des routes ténébreuses. Les cours des Princes foibles deviennent les théatres des cabales, des guerres souterraines d'une foule de courtisans, perpétuellement occupés à se supplanter les uns les autres, à s'arracher le pouvoir, à se démolir dans l'esprit flottant d'un maître sans principes & sans vues. Sous de tels Souverains le bien public est totalement négligé par des ministres dont tout le temps se perd en intrigues; l'Etat est à tout moment sacrifié aux vues iniques de quelques favoris qui veulent se

maintenir; le Prince devient le jouet méprisable de quelques fourbes qui se mo-
quent impudemment de lui & de ses sujets. Les intrigues tombent, ou deviennent
inutiles, sous des Monarques fermement
attachés à la justice & guidés par la vertu.
L'œil du maître est fait pour dissiper des
complots également préjudiciables à son
peuple & à lui.

LES personnes revêtues de l'autorité,
destinées par état à donner l'exemple aux
autres, à se livrer à des occupations sé-
rieuses, doivent montrer des mœurs honnêtes, ne jamais s'écarter de la décence &
de la gravité qui convient à des hommes
chargés des soins pénibles de l'administration; une tâche si vaste, si noble, si
sublime, doit les éloigner de la basse intrigue & des cabales, qui ne sont faites
que pour des courtisans inquiets & désœuvrés. Un homme d'Etat doit se respecter
lui-même lorsqu'il veut s'attirer les respects
des citoyens. La légereté, la fatuité, les
petitesses, les extravagances du luxe, sont
incompatibles avec la dignité que doit avoir
une tête remplie d'objets importants. Des
êtres frivoles, indifférents au bien public,
insensibles à la vraie gloire, ne peuvent
servir utilement la Patrie. Des intriguants,
des débauchés, des hommes dissipés &

livrés aux femmes, ne font aucunement faits pour gouverner des empires. Des Miniftres de cette trempe menent gaiement & promptement un Etat à fa ruine.

La vigilance du Souverain doit encore s'étendre au loin fur les dépofitaires de l'autorité que leurs fonctions dérobent à fes regards; ceux-ci font les plus fujets à faire un abus condamnable du pouvoir qui leur eft confié. Ils fe flattent que les plaintes des citoyens intimidés ne parviendront point jufqu'au trône. Mais le Prince fe fouviendra qu'il doit une juftice égale à tous fes fujets, & que les provinces les plus lointaines ont autant de droit à fa protection que fa capitale ou fa cour.

Un gouvernement équitable doit laiffer agir les loix les plus féveres contre des Grands qui deviennent des corrupteurs publics, tandis qu'ils devroient être les défenfeurs de la juftice, les protecteurs de l'innocence, les confervateurs des bonnes mœurs. Les Rois, pour être chéris & refpectés de leurs peuples, devroient fairé de leurs palais des fanctuaires, dans lefquels rien d'impur ne pourroit entrer : ils devroient en exclure les débauchés, les adulteres, les féducteurs, les perfonnes décriées par la licence. Que la demeure augufte du Légiflateur foit à jamais fermée à ces violateurs des loix, qui, à l'ombre de leur rang ou de leur naiſſance, ſe croient tout permis; que la porte du Souverain, ouverte à tout citoyen utile, ſoit fermée pour toujours à ces voleurs publics, à ces eſcrocs titrés qui, pour aſſouvir leurs paſſions ou leur faſte inſolent, refuſent de payer leurs dettes, & ſe font un jeu de ruiner d'honnêtes citoyens.

Si les Princes doivent avoir les yeux ouverts ſur les grands qui les approchent, & ſur ceux qui partagent avec eux les ſoins de l'adminiſtration, ceux-ci ſont obligés de veiller à leur tour ſur les agents qu'ils emploient, parce qu'ils ſont reſponſables de leur conduite & au Souverain & à la Société. Si le mauvais Miniſtre nuit à la gloire de ſon maître, le ſubalterne criminel déshonore celui qui a l'imprudence de s'en ſervir. Les hommes ſans éducation & ſans principes, que les perſonnes enplace ſont ſouvent forcées d'employer, ſont plus ſujets que d'autres à faire un abus honteux de la portion de pouvoir qui leur eſt confiée. Delà réſulte la corruption criminelle de tant de ſuppôts mépriſables, que la Police eſt obligée de mettre en œuvre pour découvrir ou réprimer les vices & les délits des citoyens afin de maintenir la tranquillité publique.

Pour exercer un métier ignoble & méprisé, l'autorité se voit contrainte de recourir à des êtres abjects, que le pouvoir qu'ils exercent rend insolents, & dont la rapacité leve un tribut sur les coupables. Des châtiments très-rigoureux devroient punir ces agents subalternes de l'autorité publique. Sous le despotisme & la finance une nation se remplit de petits tyrans altiers, qui, se sentant protégés, font impunément la guerre à tous les citoyens, & les mettent sous contribution. La Société devient alors la proie d'une foule d'espions, de délateurs, de frippons autorisés qui troublent à tout moment la félicité publique & particuliere, sous prétexte d'assurer la tranquillité de l'Etat. Le Souverain & ses Ministres n'ont rien à craindre des bons citoyens, quand ils gouvernent avec équité.

CHAPITRE IV.

Des Loix morales pour la Noblesse.

IL feroit peut-être avantageux aux nations qu'il n'y eût pas chez elles de Nobleffe héréditaire, & qu'on la rendît perfonnelle à ceux qui, fervant utilement l'Etat, mériteroient par eux-mêmes d'être diftingués du commun des citoyens. Le mérite très-douteux des premiers Nobles d'un Etat, les fervices prétendus qu'ils ont rendus à la Patrie, doivent-ils être recompenfés fans fin dans une poftérité fouvent très-inutile à leur pays? Des titres, des parchemins furannés, confervés dans des châteaux gothiques, donnent-ils, à ceux qui en ont hérité, le droit d'afpirer aux places les plus diftinguées de l'églife, de la cour, de la robe ou de l'épée, fans avoir d'ailleurs aucuns des talents néceffaires pour les remplir dignement? Parceque des Nobles guerriers ont pu jadis contribuer, au rifque de leur vie, à conquérir un royaume ou à piller des provinces, faut-il que leurs defcendants fe croient encore, après tant de fiecles, en droit de maltraiter leurs vaffaux, d'oppriprimer des cultivateurs, d'exiger d'eux des droits gênants, des servitudes cruelles, enfin de rejeter sur l'indigence laborieuse des impôts que la richesse devroit seule supporter? (16)

Laissons à la justice des Législateurs le soin de peser ces prétentions ; qu'ils examinent si elles ne heurtent pas de front la félicité nationale ; qu'ils jugent de sang froid si la noblesse, transmise par la naissance, n'est pas faite pour inspirer une sotte vanité à ceux qui en jouissent, & pour avilir & décourager la foule des citoyens qui s'en trouve privée.

Si la noblesse doit être transmise avec le sang, si elle annonce le mérite & les vertus des ayeux, le Législateur devroit du moins en ôter les prérogatives à ceux qui ne font rien pour leur pays, & dégrader avec ignominie tout Noble souillé par des bassesses &.des crimes. Est-il une plus forte contradiction que des Nobles bassement intéressés dépourvus d'élevation

----

(16) Dans la Grande-Bretagne les *Lords* ou *Pairs* ayant séance & suffrage dans la chambre haute du Parlement, font les seuls qui soient réputés nobles. Les *Gentle-men* ou gentils-hommes, des plus anciennes familles, ne font aucunement distingués des autres citoyens. Les freres d'un Seigneur ou d'un Noble n'ont aucun rang dans l'Etat que celui qu'ils acquierent par leurs services ou leur industrie personnelle. —— Dans les gouvernements orientaux les emplois seuls font la noblesse, qui n'est point héréditaire.

d'ame, de genérofité, d'amour pour la Patrie, d'attachement au bien public, de zele pour la liberté, d'affection pour leurs concitoyens ? (17) Ces difpofitions, par lefquelles tout homme vraiment noble & bien-né devroit fe diftinguer, font-elles donc compatibles avec cet efprit de fervitude qu'on trouve trop fouvent dans des Grands avilis aux pieds du defpotifme & de la tyrannie ? dans une nobleffe orgueilleufe de fes chaînes, arrogante dans la Société, dédaigneufe pour le refte des citoyens ? *Il n'eft point*, dit un ancien, *d'esclavage plus méprifable que celui qui eft volontaire.* Cependant c'eft celui dont on voit fe glorifier tant de Nobles, qui femblent tirer tout leur luftre du privilege fublime de ramper à la cour. Les préjugés ont tellement aveuglé la Nobleffe, qu'elle prétend que fa baffeffe même doit l'exalter. Les Nobles qui ont l'avantage de mendier autour du trône, de fe courber fous la main des tyrans & de leurs indignes favoris, fe croient des êtres bien plus illuftres ou plus qualifiés que ceux qui jouiffent

______

(17) Le mot *Noble* en latin *nobilis*, vient de *Notus*, connu, notable, remarquable. Le mot *généreux*, vient du mot latin *Genus*, race. Ainfi l'on a cru que la race ou la naiffance impofoit à quelques citoyens le devoir de fe diftinguer & du fe faire connoître par des fentiments plus élevés que les autres hommes.

dans leurs domaines de l'indépendance &
de la liberté !

DES Souverains imprudents ont trop
souvent accrédité ces préjugés. Ils n'ont eu
des yeux que pour ceux dont ils se trouvoient entourés. Ils ont cru voir toute leur
nation dans une cour, dans leurs domestiques, dans le vain cortege auquel ils se
font persuadés que leur gloire étoit né-
cessairement attachée. Une opinion si puérile & si fausse eut presque en tout pays les
conséquences les plus facheuses pour les
Nations, pour les Souverains, & pour les
courtisans eux - mêmes. Les peuples oubliés furent abandonnés à la rapacité des
Grands c'est - à - dire, des serviteurs des
Rois, des officiers du Prince ; ces domestiques favorisés devinrent les maîtres
de la maison, firent la loi aux Monarques,
& opprimerent les peuples restés sans
protecteurs naturels. Ainsi s'est formé le
brigandage systématique, connu sous le
nom de *Gouvernement féodal*, dont on re-
trouve encore des traces plus ou moins marquées dans tous les Etats modernes. (18)

____

(18) Ce gouvernement merveilleux subsiste encore dans toute
sa folie en Pologne, qui fournit aujourd'hui à toute l'Europe le
spectacle déplorable des maux que peut faire à sa Patrie une
Noblesse turbulente, en délire, divisée, que son chef n'a pas la
force de réprimer. Le despotisme vient communément pacifier

LES Nobles attachés à la cour exercent encore trop souvent une licence très-injuste & très-funeste aux Souverains, que leurs prétentions hautaines & leurs demandes multipliées appauvrissent & mettent dans la détresse, au sein même des nations les plus opulentes : celles-ci, malgré leur travail, leur industrie, les impôts dont elles sont surchargées, ne peuvent jamais satisfaire la voracité d'une foule de Nobles, ou d'esclaves arrogants, qui sans cesse s'opposent à l'œconomie, au bon ordre, au soulagement des peuples.

MAIS l'injustice finit toujours par ne faire que des malheureux. Le Prince le plus prodigue des richesses de son peuple n'est jamais en état d'enrichir tous ses courtisans. S'il est quelquelques favoris qui s'engraissent aux dépens de la Patrie, le plus grand nombre se ruine dans l'attente de participer à la faveur d'obtenir les dépouilles nationales. Bien plus, ceux même que le Souverain a comblés de ses graces, entraînés par la vanité, par le goût de la représentation, par un luxe sans bornes & par le vice, se retrouvent incessamment plongés dans la misere. On ne voit communément dans les cours qu'une pau-

les troubles excités par les Nobles; la Tyrannie remplace l'anarchie.

vreté réelle, cachée fous les dehors du fafte & de la magnificence.

Ces réflexions, dont tout prouve la vérité, devroient fans doute ouvrir les yeux des Souverains, qui s'imaginent que la fplendeur du trône exige qu'il foit perpétuellement obfédé par des légions de Nobles & de Grands que rien ne peut contenter : elles devroient faire fentir à ces Nobles, qu'il eft peu digne d'eux de mendier honteufement, de facrifier leur fortune à des efpérances douteufes, de fe tourmenter, de cabaler, d'intriguer lâchement pour obtenir des richeffes très-promptement diffipées, qui ne leur procureront ni de l'honneur ni du bien-être.

Enfin les Souverains, pour leurs propres intérêts devenus plus équitables, devroient engager les Nobles à renoncer à des injuftices fans nombre qu'une longue poffeffion fait regarder comme des droits: ils devroient leur faire fentir que l'on ne prefcrit jamais contre l'équité naturelle, contre les droits des nations : ils devroient leur montrer que, même au bout d'un millier d'années, une ufurpation ne peut pas fe changer en un droit véritable : ils devroient les convaincre que des privileges, obtenus ou extorqués des Monarques par une Nobleffe turbulente, font nuls dès qu'ils font préjudiciables à toute

une

une nation, à laquelle le prince lui-même n'eſt pas endroit de nuire : ils devroient leur faire entendre, qu'une juſtice éclairée peut anéantir des prérogatives accordées par l'injuſtice, par la foibleſſe, ou par une indulgence aveugle : enfin un Légiſlateur, inſtruit par les erreurs de ſes prédéceſ-ſeurs, devroit apprendre à tous les Nobles d'aujourd'hui, que les prétendus droits dont ont joui leurs ayeux, & auxquels la vanité, l'ignorance & le préjugé les atta-chent encore ſi fortement eux - mêmes, ſont évidemment contraires à leurs vrais intérêts, expoſent la Nobleſſe à la haine des citoyens, nuiſent à la ſociété, déſolent le cultivateur, ſont des entraves pour le commerce, s'oppoſent à l'induſtrie, met-tent des obſtacles à l'abondance & à la félicité générale, diminuent réellement les revenus, l'aiſance & le bien-être des No-bles.

Il y a tout lieu de croire que la No-bleſſe, ainſi détrompée de ſes antiques erreurs, renonceroit pour ſon propre a-vantage à cette multitude de droits *hono-rifiques*, ou plutôt chimériques, qui, gê-nants pour les peuples, lui font tort à elle - même. Alors tant de Princes & de Seigneurs, ſi jaloux du *droit de chaſſe*, reconnoîtront qu'il n'eſt que le droit de

dévaſter les campagnes, de rendre les terres ſtériles, d'exercer une tyrannie inutile, de gêner la culture, de ſe priver
pour un mince plaiſir d'un revenu conſi-
dérable, de rendre plus rares les ſubſis-
ſtances néceſſaires à tous les citoyens.
Alors ces Nobles ſentiront l'abſurdité de
tant de *ſervitudes*, de *redevances*, de *cor-*
vées, de *bannalités*, de *péages* &c. en
un mot, d'une foule de droits barbares,
qui ne leur procurent que l'avantage de
tourmenter leurs vaſſaux, ſans aucun profit réel. (19)

Sɪ des Nobles, à qui le Soûverain voudroit ôter des droits nuiſibles, réclamoient
les droits ſacrés de la propriété, il leur
répondroit que la propriété n'eſt que le
droit de poſſéder avec juſtice; que ce qui
eſt contraire à la félicité nationale ne peut
jamais être juſte; que ce qui nuit à la
propriété du laboureur ne peut être ré-

(19) Il y a peu de temps que les payſans de Bohême & de
Moravie ſe ſont ſoulevés contre leurs Seigneurs, pour leſquels ils
étoient obligés de travailler 5 ou 6 jours de la ſemaine. Cette
révolte fut accompagnée de ravages qui ont ruiné pluſieurs Seigneurs, & de cruautés inouies. Un Gouvernement ſage auroit
prévenu tous ces malheurs, s'il eût engagé ou obligé la Nobleſſe
de ces contrées à ſe comporter d'une façon plus équitable envers
des hommes qu'elle traitoit comme des bêtes. Voyez une brochure
publiée depuis peu ſous le titre d'*Inconvéniens des droits féodaux*,
Paris 1775.

...uté un droit, mais n'eft qu'une ufurpa-
...ion, un violement de fon droit, dont le
...aintien eft plus utile à la nation que ce-
...i des prétentions d'un petit nombre de
...eigneurs qui, peu contents de ne rien
...ire, s'oppofent aux travaux les plus im-
...ortants pour eux-mêmes & pour la So-
...été. Les grands & les riches ne fen-
...ont-ils jamais qu'ils ne feroient rien fans
...s travaux des indigents?

...C'est au Légiflateur fouverain qu'il
...ppartient d'inftruire les citoyens, de leur
...ontrer que, dans quelque rang qu'ils
...ient placés, leurs intérêts font toujours
...nis à ceux de la Patrie. Il doit appren-
...e aux Nobles que des abus ne peuvent
...ujours fubfifter, que l'injuftice a fon
...rme, que toute tyrannie doit finir tôt
...u tard par fe détruire elle-même.

...L'Autorité, fi fouvent employée
...our faire triompher l'injuftice, ne fe dé-
...piera-t-elle jamais pour faire valoir les
...oits de l'équité? Une adminiftration plus
...te pour les nations, & moins partiale
...ur les Nobles, feroit fentir a ceux-ci
...niquité des exemptions qui les difpen-
...t des impôts dont le pauvre eft acca-
...é. De pareils privileges, des immuni-
...fi révoltantes, ne devroient-ils pas
...e rougir des êtres en qui le préjugé

n'auroit pas éteint tout fentiment d'équité
de raifon, d'humanité? (20)

Ce font ces fentiments, trop fouven
anéantis dans les cœurs des Nobles & de
propriétaires opulents, que le Gouverne
ment devroit réveiller, ou plutôt y fair
naître. Il devroit y étouffer jufqu'au
germes de cet orgueil héréditaire, qui leu
fait croire que la naiffance leur donne un
fupériorité effentielle & réelle fur leur
concitoyens. Défabufés pour lors de leur
vains préjugés, ils chercheroient à valoi
quelque chofe, à fe diftinguer par eux
mêmes: ils n'auroient plus pour les talent
& la fcience ce mépris profond qu'on leu
voit montrer trop fréquemment: ils ne f
glorifieroient plus d'une ignorance gothiqu
& barbare, qui les fait languir dans l'oi
fiveté, fource de tant de vices: enfin obli
gés de s'inftruire & d'être utiles pour ob
tenir les diftinctions, les récompenfes &
lés honneurs que le Souverain diftribue
ils s'efforceroient de les mériter par de
vertus plus réelles que celles qu'annoncer
de vieux titres ou des parchemins ufé

(20) Ces exemptions font fondées fur ce qu'autrefois les N
bles étoient obligés de faire la guerre à leurs dépens, tand
qu'aujourd'hui les armées font à la folde du Prince, & que le N
ble n'eft plus obligé de fervir. Ce font toujours les plus rich
qui contribuent le moins aux befoins de l'Etat.

C'eſt alors que les Nobles, unis d'intérêts avec tous les ordres de l'Etat, ſerviroient réellement la Patrie & ſon chef, deviendroient des citoyens & ſe rendroient vraiment dignes de la conſidération publique.

Mais, bien-loin d'anéantir les préjugés orgueilleux de la nobleſſe, les gouvernements ſemblent vouloir les fortifier de plus en plus. Les ennobliſſements, les titres, les diplômes ſe multiplient tous les jours; les Princes en font un commerce; tout homme peut s'ennoblir pour ſon argent. C'eſt ainſi que des Légiſlateurs levent un tribut ſur la vanité des citoyens, qu'ils devroient en guérir!

Quoique la nobleſſe & ſes titres ne ſoient qu'une vaine fumée, les Souverains, s'ils en euſſent été moins prodigues, auroient pu s'en ſervir avec ſuccès pour récompenſer le mérite & la vertu. Mais la vertu peut-elle ne point mépriſer de vains titres en les voyant ſouvent honteuſement proſtitués à des hommes vicieux, ou à des parvenus dont les malheureux talents devroient être punis ou mépriſés au lieu d'être encouragés. Ainſi, par l'imprudence & l'avarice des Princes, la nobleſſe eſt devenue une diſtinction frivole & ridicule qui, ne ſuppoſant ni talent ni mérite perſonnel dans celui qui l'achete ou l'obtient, ne ſert qu'à groſſir le nom-

bre des inutiles, des oififs, des mauva
citoyens, des impertinents qui s'oublient
qui fe croient fort au-deffus des roturier
les plus honnêtes, fur lefquels ils for
rejetter les impôts qu'ils devroient paye
à l'Etat. (21)

LES diftinctions font flatteufes pou
l'ambition des hommes. Le légiflateu
peut donc les employer avec fuccès pou
rendre les citoyens utiles ou vertueux. E
n'accordant jamais la nobleffe, les dignités
les décorations de toute efpece qu'à ceu
qui fe feroient remarquer par leurs qua
lités perfonnelles, tout Noble feroit ur
homme véritablement eftimable; fes con
citoyens reconnoiffants feroient forcés d'ap
plaudir, en dépit même de l'envie, au
jugement du Souverain.

EN privant les Nobles du droit de
nuire ou de marquer un mépris infultan
à leurs concitoyens, le Légiflateur dimi-
nueroit l'envie & la haine que des hommes dédaignés font forcés d'éprouver pour
ceux qui les oppriment ou qui les traitent
d'une façon arrogante & peu fociable. Enfin le Souverain donneroit à la Nobleffe un

(21) En France un Noble n'eft point mis à la *taille*. Un No-
b'e Po'onois, quand il auroit des millions de revenu, ne contri-
b'ie que ce qu'il veut aux charges publiques. Le Noble en Alle-
magne oblige fes payfans à payer tout pour lui. Tels font les abus
eniacinés chez des nations qui fe çroient forties de la barbarie !

grand luſtre, s'il ne répandoit les honneurs & les graces, dont il eſt dépoſitaire, que ſur ceux d'entre les Nobles qui ſe diſtingueroient le plus par la nobleſſe de leur conduite, par leur généroſité, par leur humanité bienfaiſante, par leur affabilité, par un grand zele pour la Patrie.

SELON les idées communes de tant de Nobles vulgaires, vivre noblement c'eſt ne rien ſavoir & ne rien faire; c'eſt aller quelquefois à la guerre; c'eſt aſſidument végéter, intriguer, cabaler à la cour; c'eſt montrer au public des habits magnifiques, des équipages, des valets & des chévaux; c'eſt ſe ruiner au jeu ou avec des femmes perdues; c'eſt ſe noyer de dettes & fruſtrer ſes créanciers; c'eſt voler & faire des dupes. Par un étrange renverſement des idées, il ſembleroit qu'un homme de qualité ne doit ſe faire connoître que par un mépris dédaigneux pour tous les talents utiles & pour toutes les vertus néceſſaires à tout bon citoyen.

ENVAIN la Morale combattroit-elle ces abſurdes idées, ſi ſes préceptes ne ſont appuyés par la puiſſance ſouveraine. Alors une voix forte & toujours écoutée fera comprendre à tant de Nobles aveuglés, que l'ignorance, la pareſſe & l'incapacité, ne ſont faites ni pour illuſter, ni pour donner des droits aux bienfaits de l'Etat ; que la fatuité, l'oftentation, la débauche & le jeu, ne font pas des motifs pour obtenir les récompenfes du gouvernement ; que la nation n'eft aucunement obligée de payer les dettes ou d'*arranger les affaires* d'un fot illuftre qui s'eft ruiné ; que la fripponnerie n'eft point un titre de nobleffe, & que le mépris pour la vertu ou pour fes concitoyens n'annonce aucunement la grandeur des fentiments.

DANS un Etat fagement organifé tout devroit rappeller aux hommes de toutes les conditions qu'ils font des concitoyens, faits pour agir de concert en faveur de l'intérêt général, deftinés à fe prêter la main, à s'aimer, & qu'une vanité puérile ne peut jamais les éloigner les uns des autres fans un danger réciproque. L'affabilité, la générofité, la bienfaifance, la bonne foi, la grandeur d'ame, font les vrais titres de nobleffe. Si ces titres fe trouvoient dans beaucoup de familles illuftres, s'ils pouvoient fe tranfmettre avec le fang, la nobleffe ne feroit plus une chimere, le refpect qu'on auroit pour elle feroit un acte de juftice, & non l'effet d'un préjugé ; les rejettons d'une tige vertueufe, en marchant fur les traces de leurs ancêtres, jouiroient de la reconnoiffance, de la vénération & de l'amour des peuples avec bien plus de raifon que les defcendants orgueilleux de ces anciens guerriers qui fe font encore payer du mal que leurs turbulents ayeux ont fait aux nations. Il eft doux de porter le nom d'un citoyen dont l'hiftoire a perpétué les actions nobles & vertueufes ; mais il n'eft pas glorieux de porter le nom d'un homme qui ne s'eft fait connoître que par des actes d'une méchanceté mémorable.

En un mot, une Légiflation conforme à la Morale doit employer tous les moyens pour exciter à la vertu tous les ordres des citoyens. Si le corps de la Nobleffe eft la vraie pépiniere des guerriers, le Gouvernement ne doit jamais fouffrir que les défenfeurs de la Patrie en deviennent les oppreffeurs & les tyrans. Réfider habituellement dans fes terres, y ranimer l'agriculture expirante, foulager fes vaffaux accablés, faire des établiffements utiles, fonder des manufactures, occuper l'indigence, répandre des bienfaits, feroit pour la Nobleffe opulente une occupation plus digne d'elle, plus digne des honneurs & des récompenfes d'un bon gouvernement, que d'aller fe ruiner & fe pervertir à la cour. Rendre les Grands & les Nobles vraiment utiles, eft un problême dont la folution feroit très-importante au bonheur d'un Etat.

CHAPITRE V.

Des Loix morales pour les gens de guerre.

LES regles de la Morale paroiſſent au premier coup d'œil totalement incompatibles avec la vie d'un homme de guerre. Les Souverains ſemblent en effet avoir parfaitement oublié les mœurs du défenſeur de la Patrie : contents de le ſoumettre à une diſcipline ſévere, ils ont négligé trop ſouvent de lui faire inſpirer les ſentiments que doit avoir tout citoyen pour ſon pays, & le reſpect qu'exigent les vertus ſociales. On diroit que le deſpotiſme s'eſt propoſé de ne faire de ſes guerriers que des inſtruments aveugles de ſes volontés arbitraires, des ignorants ſtupides, des êtres qui n'euſſent aucune idée du juſte & de l'injuſte, en un mot des automates, ou plutôt des bêtes remplies de férocité.

SI cette affreuſe Politique eſt conforme aux vues ſiniſtres des Tyrans, elle ne peut être adoptée par des Souverains légitimes, ni par des gouvernements qui prendront la Morale & la raiſon pour guides. Ils connoîtront l'importance de former le cœur & l'efprit d'une Nobleffe citoyenne, dont l'honneur, toujours inféparable de la vertu, doit être le premier mobile : ils fentiront que, fans mœurs & fans vertus dans les armées, le Souverain & la nation feroient expofés à tout moment aux entreprifes fougueufes d'un amas de brigands, dont il feroit impoffible d'arrêter les fureurs.

La difcipline, il eft vrai, accoutumant le Militaire au joug de l'obéiffance, lui en impofe très-puiffamment ; mais cette difcipline, quelque févere qu'on la fuppofe, n'eft pas capable de contenir les paffions avec autant de force que des principes honnêtes infpirés dès l'enfance, fortifiés par l'habitude, confirmés par l'exemple, munis des récompenfes & des châtiments de la loi, en un mot corroborés de toute l'autorité du Gouvernement.

Il dépendra toujours d'un Souverain vigilant de rendre le Militaire auffi difcipliné dans fes mœurs que dans fes exercices, ou dans les devoirs de fon état. Si l'efpoir d'un grade, d'une diftinction, d'un ruban, de quelque penfion très-modique, eft capable de faire plier un Officier bien-né fous le joug d'une fubordination exacte, de lui faire fouvent mener une vie très-dure, de lui faire même affronter les dangers & la mort ; peut-on douter que les mêmes moyens ne puſſent le porter à s'inſtruire, & le conduire à la vertu, qui eſt toujours l'effet des lumieres & de l'inſtruction ?

La ſource des maux des hommes ſe trouve dans leur ignorance ; c'eſt en les éclairant ſur leurs vrais intérêts, c'eſt en leur apprennant à penſer, à raiſonner, que l'on peut ſe promettre de les rendre plus juſtes, plus ſociables, plus diſpoſés a remplir des devoirs bien connus. Le Militaire n'eſt trop communément ſi dépourvu de mœurs, que parce qu'on néglige de l'inſtruire ; on s'imagine qu'un jeune homme deſtiné aux armes n'a beſoin de rien ſavoir ; la naiſſance lui ſuffit ; on n'exige point de lui qu'il ait reçu une éducation ſoignée, que d'ailleurs des parents peu riches ne peuvent guere lui donner ; on ne s'embarraſſe aucunement ni du caractere ni des mœurs. (22)

Pour remédier à ces inconvénients, dont les ſuites ſont très-funeſtes, on ne devroit admettre au rang ſi noble des défenſeurs de la patrie que des jeunes gens

(22) On trouve dans Brantôme, écrivain d'ailleurs peu difficile en morale, un paſſage digne d'être rapporté. *Mal volontiers, dit-il, une ame, ou conſcience, cautériſée de quelque grand forfait, ne reçoit une vaillance avec ſoi : que ſi elle y a été autrefois, elle l'enchaſſe, ſans guere bien l'y admettre, & eſt en perpétuelle appréhenſion & tourment.* Voyez BRANTOME Vie des illuſtres guerriers Tome IV. p. 197.

bien élevés, dans lesquels on croiroit voir des difpofitions honnêtes, des cœurs bien placés, un heureux caractere, fufceptible d'être cultivé. Ces difpofitions mérite-roient, fans doute, d'être plus confultées que la naiffance, qui, bien-loin de trans-mettre des qualités fociables, ne fert très-fouvent qu'à faire des hommes vains, pointilleux, arrogants, incommodes à leurs camarades, & plus encore aux autres ci-toyens.

DANS un vafte empire qui renferme une nobleffe très-nombreufe, ou bien, à fon défaut, un grand nombre de familles honnêtes, quoique moins diftinguées, le Gouvernement ne peut manquer de trou-ver des fujets tels qu'il defire pour leur confier fes troupes. Mais au défaut des parents, qui fouvent négligent leurs en-fants, l'Etat devroit fe charger de l'Edu-cation militaire, & faire enforte que ceux qu'il deftine à la fûreté publique priffent de bonne heure les principes & les con-noiffances néceffaires pour devenir un jour des hommes inftruits, de bons officiers, & fur-tout de bons citoyens. (23) ,, L'Ar-

______

(23) Quelques Souverains ont, dans pluficurs Etats, fondé des *Ecoles militaires*, ou des pépinieres deftinées à former des Offi-ciers; mais ces fortes d'établiffements, fouvent très-difpendieux, ont produit rarement l'effet qu'on croyoit pouvoir en attendre. Rien de moins raifonné qu'une pépiniere de foldats, placée aux

,, mée, dit un auteur moderne, eſt un
,, bouclier derriere lequel les peuples doi-
,, vent vivre en repos; elle eſt faite pour-
,, procurer aux provinces intérieures le
,, bonheur qui naît de la ſûreté & de la
,, liberté." (24)

C'EST ainſi qu'un gouvernement ſoi-
gneux peut former en peu d'années un
militaire inſtruit & de bonnes mœurs. Indépendamment des connoiſſances néceſſaires
à ſon état, l'Officier, pour ſon propre
intérêt, doit, en raiſon de ſes diſpoſitions
naturelles, ſe procurer encore celles qui
le peuvent rendre eſtimable dans la Société : les qualités du cœur le rendront
cher : les talents de l'eſprit le rendront
agréable: enfin l'étude pourra remplir utilement le vuide immenſe du temps qui
reſte au militaire durant la paix, ou lorsqu'il a ſatisfait à ſes devoirs ordinaires. Par-
là une garniſon, un camp, au lieu d'être
les ſéjours de l'ennui, du jeu, de la débauche, des querelles, deviendroient pour
les Officiers des ſéjours agréables, aux
plaiſirs deſquels chacun voudroit contribuer.

portes d'une Capitale immenſe où regnent le vice, le luxe & la
cherté; où la jeuneſſe, négligée ſur la Morale, ne peut voir que
de mauvais exemples, & n'apprend qu'à être diſſolue, arrogante,
remplie de morgue & de fatuité.

(24) *Voyez* Hiſt. ancienne des peuples de l'Europe Tome IX.
par le C. Dubuat.

Par-là tout Régiment, toute Légion, pourroient former des associations utiles, des
Académies militaires, dont un Etat tire-
roit les plus grands avantages.

Que l'on ne regarde pas comme chimérique le projet d'éclairer le militaire &
de le rendre meilleur. Il peut s'exécuter
avec facilité si le Gouvernement, toujours
juste, se fait une loi inviolable de ne jamais faire éprouver de *passe-droits* ou d'injustices aux Officiers bien méritants, &
s'il a soin de distinguer, de récompenser
sur-tout, ceux qui montreroient des talents estimables & des mœurs réglées. En
bannissant des troupes l'ignorance & l'oisiveté, le Prince en écartera bientôt la
licence, la débauche, le jeu, la fripponnerie, les querelles : en récompensant fidelement le mérite, il aura des Militaires
instruits : en honorant la vertu, il aura
des Officiers attachés à leurs devoirs,
exacts à les remplir, chers à leurs concitoyens, sur la fidélité desquels la Patrie
pourra compter bien plus que sur des
mercenaires dégradés par le vice & corrompus par un désœuvrement habituel.

Voilà, sans doute, le moyen de
rendre le métier de la guerre vraiment
honorable, vraiment utile à la Patrie, vraiment digne de l'estime de tous les bons
citoyens. Des Officiers ainsi disciplinés

influeroient de la façon la plus forte fur les foldats qui leur feroient fubordonnés : ceux-ci, traités avec plus de juftice & d'humanité, deviendroient eux-mêmes plus juftes, plus raifonnables, & feroient moins tentés de déferter. Des inftructions morales & proportionnées, jointes au pouvoir de la difcipline militaire, réformeroient puiffamment des hommes dont, par la négligence & l'iniquité des gouvernements, on ne fait d'ordinaire que des ftupides & des méchants.

FORTIFIÉE par les ordonnances du Prince, la Morale parviendroit à bannir d'entre les gens de guerre cette morgue infultante, ces difputes fréquentes, ces combats inutiles au vrai courage, qui trop fouvent leur coûtent la vie. Si des loix rigoureufes, fi les terreurs religieufes, fi la crainte de la mort, n'ont pu jufqu'ici déraciner les Duels, c'eft que la crainte des fupplices d'une autre vie fait moins d'impreffion que la crainte de vivre déshonoré dans la vie préfente ; c'eft que la crainte de perdre la vie n'en impofe point à des perfonnes que leur état oblige de l'expofer à tout moment. (25)

C'EST

(25) N'eft-il pas bien étrange de voir que, dans des nations où les Duels font défendus avec rigueur, on permette publiquement à des maîtres d'efcrime de donner des leçons, qui ne peuvent

C'est du côté de l'honneur qu'il faut prendre des hommes dont l'honneur est l'idole : c'est en couvrant d'infamie tout querelleur, tout ferrailleur de profession, tout agresseur insolent, c'est en chassant d'une façon éclatante quiconque fait une insulte, qu'on purgera les armées de ces hommes inquiets, de ces atrabilaires, de ces impertinents, qui doivent être traités comme des ennemis publics. Qu'un tribunal militaire les juge ; qu'ils y soient déférés par les témoins de la querelle ; qu'on exerce la même sévérité contre ces lâches instigateurs, qui souvent se donnent le plaisir barbare d'exciter sans raison leurs camarades à se tuer. Que ces hommes vils & féroces, dégradés de leur noblesse, soient forcés de traîner leur opprobre aux yeux de leurs concitoyens. Ces moyens seroient plus efficaces que ces longues prisons & que la mort-même, lorsqu'elles ne sont point accompagnées du déshonneur. C'est à des tribunaux qu'il appartient de venger le citoyen honnête des injures qu'on lui fait : au défaut des bonnes loix, il

vent servir qu'à fournir aux citoyens des moyens ingénieux de se tuer les uns les autres ? Cependant on a vu quelques-uns de ces gladiateurs obtenir des lettres de noblesse, pour avoir enseigné avec succès le grand art de tirer des armes, qui est parfaitemen inutile à la guerre.

E

fera souvent réduit à se venger, même au risque de sa vie.

L a Morale, appuyée de l'autorité, banniroit encore avec facilité les lâches procédés de tant d'Officiers avec les femmes, que quelques-uns d'entre eux se plaisent souvent à déshonorer sans cause. Est-il d'un homme de cœur de diffamer des personnes d'un sexe foible, qui ne peut se défendre ni repousser les outrages qu'on lui fait, souvent à son insu, & sans y avoir donné lieu? ,, Les hommes, a dit ,, une femme de mérite, sont fideles les ,, uns aux autres, parce qu'ils se crai- ,, gnent, & qu'ils savent se faire rendre ,, justice; mais ils manquent aux femmes ,, impunément & sans remords. La pro- ,, bité des hommes n'est donc que for- ,, cée; elle est plutôt l'effet de la crainte ,, que de l'amour de la justice. En ex- ,, aminant de près les hommes qui font ,, mêtier de galanterie, on trouvera que ,, ce sont de très-malhonnêtes gens." (26). Ce mêtier est très-communément exercé par les gens de guerre, que l'ignorance & le désœuvrement conduisent à la débauche. En éclairant le guerrier, en lui donnant de bons principes, en l'occupant

(26) Voyez *Lettre d'une mere à son fils sur la vraie gloire.*

utilement & agréablement , il aura des
mœurs honnêtes : ceſſant alors d'être à
charge à lui-même , il ne ſera plus un
fléau pour ſes concitoyens; ils le recher-
cheront, ils l'admettront dans leurs Sociétés, quand ils ne le verront plus comme
un ſéducteur, comme un débauché ſans
principes & ſans probité.

Enfin un gouvernement éclairé, en
occupant le ſoldat, pourroit l'empêcher de
ſe livrer à la débauche, à l'intempérance,
aux excès auxquels l'oiſiveté doit ſouvent
l'inviter. Un ſalaire modéré lui procureroit une aiſance que ſa paie trop modique ne peut pas lui fournir: d'ailleurs un
travail réglé de maniere à ne point l'épuiſer , lui donneroit plus de vigueur dans
les combats. Il eſt tant d'entrepriſes avantageuſes pour un Etat, qu'il eſt bien ſurprenant que les Souverains ne les faſſent
pas exécuter par des ſoldats , dont les
bras multipliés viendroient aiſément à bout
des plus grandes difficultés. Si l'on nous
diſoit que le travail aviliroit l'homme de
guerre, qui n'eſt fait que pour combattre,
nous répondrions qu'une fois l'année le
Souverain du vaſte Empire de la Chine
prend en main la charrue, pour apprendre
à ſes ſujets que les travaux utiles ou néceſſaires ne ſont pas de nature à faire
rougir perſonne; nous répondrions encore

que, durant la paix, les bras victorieux des Légions Romaines étoient inceffammen employés à former des routes commodes à creufer des canaux, à conftruire de aqueducs & des monuments publics don les ruines étonnent les modernes. Ceux ci ne tirent aucun parti de tant de mil liers de foldats qui, hors le temps de la guerre, dévorent la Patrie fans lui être d'aucune utilité, & croupiffent eux-mêmes dans une honteufe indigence, dont ils ne peuvent jamais fortir. (27)

CETTE indigence, aviliffante pour le foldat, eft pourtant un mal auquel les nations les plus opulentes, les gouvernements les plus humains, les Princes les plus juftes, ne peuvent aucunement remédier. L'ambition inquiete & remuante de quelques Potentats peu contents de l'étendue des domaines que le deftin leur a donnés, & que leur incapacité empêche fans doute de fonger à bien adminiftrer, tient toutes les puiffances en allarmes, & les oblige à mettre fur pied des armées peu propor-

(27) L'Abbé de S. Pierre a remarqué que le Roi Henri IV dépenfoit pour la nourriture & l'entretien d'un fimple foldat un peu plus de $5\frac{1}{2}$ marcs d'argent par année, tandis que le Roi Louis XV n'en dépenfoit effectivement que 3 marcs. Le marc du temps d'Henri IV valoit 20 livres 5 fols tournois & du temps de Louis XV il valoit 49 à 50 livres. Voyez *les Rêves d'un homme de bien pag.* 127-131.

tionnées aux facultés des nations; celles-ci par-là ne peuvent jamais refpirer; même au fein de la plus longue paix l'Etat militaire trop nombreux les épuife; elles font forcées, de ftipendier en tout temps une multitude inutile, dont il feroit impoffible de rendre le fort plus heureux. Les Souverains ne parviendront à fe débarraffer de la néceffité déplorable de tenir continuellement fur pied des armées fi fatales à leurs propres fujets, qu'en réuniffant leurs efforts pour écrafer tout ambitieux qui tenteroit de troubler, pour des prétentions chimériques, la tranquillité générale. Une ligue univerfelle devroit armer toutes les nations pour écrafer ces monftres qui, dans la vûe d'acquérir quelques chétifs lambeaux de terre, qu'ils gouverneront très-mal, fe font un jeu de faire périr des millions de foldats. Ils les regardent fans doute non comme des hommes, mais comme des bêtes, qu'ils peuvent immoler fans fecrupule à leur folle vanité. Tout conquérant eft un homme auffi dépourvu de grandeur d'ame & de lumieres que de fentiments d'humanité. L'Abbé de S. Pierre a dit avec raifon que ,, la vraie gloire ,, d'un Prince n'eft pas d'être grand Ca-,, pitaine, ni d'acquérir un grand pou-,, voir; mais elle confifte à employer fon ,, pouvoir, quel qu'il foit, à procurer à

,, fes fujets le plus grand bonheur qu'il
,, puiffe leur procurer." (28) Le grand
homme ne peut être que celui qui fait
de grands biens aux autres hommes. Les
peuples expient fouvent par des fiecles de
mifere la gloire d'avoir eu pour maître
un de ces hommes merveilleux qu'on appelle de grands Rois.

APRÈS avoir adouci les mœurs de
l'homme de guerre, & l'avoir rendu plus
eftimable aux yeux de fes compatriotes,
la Morale lui prefcrit encore de fe faire
eftimer des étrangers, & même des ennemis de fon pays ; elle lui ordonnera d'é-
couter la voix touchante de l'humanité
fainte, qui a droit de fe faire entendre
des ames honnêtes jufqu'au milieu du fra-
cas des batailles ; elle dira à tout guerrier
d'épargner les vaincus dès qu'ils ne font
plus à craindre, de fauver l'ennemi dès
qu'il rend les armes, de prendre en pitié
les peuples chez qui le fort a placé le
théatre de la guerre, de s'abftenir de ces
deftructions inutiles qu'autorifent fouvent

____

(28) Voyez *les Rêves d'un homme de bien page* 370. La Suede
fe reffent encore de la dépopulation qu'ont caufée dans ce Royaume les folies de charles XII. Dans un difcours à la Reine
Mere, Balzac lui dit, ,, le peuple ne fe nourrit pas des grandes
,, nouvelles qui viennent de vos armées, ni de la haute réputation
,, de vos Généraux: il voudroit plus de pain & moins de lau-
,, riers : Il pleure fouvent les victoires de fes Princes, & fe mor-
,, fond auprès de leurs feux de joie. "

la licence ou la coutume barbare, & que commanda quelquefois le defpotifme en fureur. C'eft en faifant obferver à fes troupes les regles de l'humanité qu'une nation s'attire la confidération & l'amour de fes voifins. Les excès que commet le foldat impriment fouvent à fon Prince & à fon pays des taches que des fiecles peuvent à peine effacer.

Ministre courageux d'un Monarque qui veut le bien! Généreux Saint Germain! (29) Après avoir fagement organifé l'Etat militaire d'un grand Royaume, tu couronneras, fans doute, ton ouvrage en adouciffant l'humeur encore farouche du guerrier, én l'excitant à s'inftruire, en lui infpirant les fentiments de l'honneur véritable. Secondant les vues fages d'un Prince vertueux, tu banniras de l'ame du foldat cette foif honteufe de l'or qu'un luxe déplorable y avoit allumé. En lui donnant des mœurs louables & modérées, tu le rendras plus eftimable. Alors, malgré les clameurs des ennemis que ta vertu mâle s'attire, le bien que tu feras à ta Patrie ceindra ton front d'une gloire immortelle; tu feras applaudi des gens de bien, & la Pofterité te placera quelque jour entre Sully & Catinat.

(29) Miniftre de la guerre fous Louis XVI. Roi de France.

CHAPITRE VI.

Législation Morale relative à la Magistrature & aux gens de Loi.

Tout Magistrat est un citoyen destiné par état à maintenir la justice & les mœurs parmi ses concitoyens. Un Magistrat inique & déréglé seroit donc un monstre dans l'ordre politique ou social; peu digne du dépôt sacré que le Gouvernement lui confie, il devroit lui être arraché; indigne de la confiance publique, il n'exerceroit dans la Société qu'un pouvoir odieux, une tyrannie à laquelle la crainte seule pourroit faire obéir. Mais la Magistrature, organe de la justice & des loix, est un état si sacré, qu'il ne doit aucunement dépendre de la passion toujours aveugle d'un Tyran, ni des caprices de ses Ministres, ni des intérêts d'une Cour. Le sort du Magistrat doit uniquement dépendre de la loi, qui seule peut décider s'il est coupable ou non, s'il doit être maintenu dans le rang qu'il occupe, ou s'il doit en être précipité. La justice est bientôt bannie d'un Etat où la volonté du Prince fait & défait les Juges; la Magiſtrature integre eſt odieuſe aux tyrans. Dans tout gouvernement raiſonnable les loix conſtitutives doivent mettre le Ma-giſtrat à l'abri de la puiſſance qui voudroit ou l'opprimer ou lui dicter ſes arrêts.

D'un autre côté des Loix, dont rien ne pourroit diſpenſer, ne devroient ad-mettre dans le ſanctuaire de la juſtice que des hommes tout formés, préparés à leurs fonctions auguſtes par de longues initia-tions, verſés dans la ſcience des hommes & des choſes, mûris par l'étude & la réflexion, mais ſur-tout diſtingués par des mœurs irréprochables.

Par un abus fatal introduit chez quel-ques peuples, la vanité ſeule décide des qualités d'un candidat : ſans approfondir ſon ſavoir ou ſes mœurs, ſans s'informer ni de ſon caractere moral ni de ſa capa-cité, ſa naiſſance ſuffit pour être admis parmi les Magiſtrats ; dans l'âge de l'in-expérience & des paſſions il ſiege parmi les juges, il décide de la fortune & de la vie des citoyens. (30)

(30) Le fameux Juriſconſulte Charles Du Moulin ſe plaignoit déjà, que de ſon temps en France le *Sénat* étoit devenu un *Ju-venat*, par le grand nombre des jeunes gens qui s'y trouvoient admis. En France, pour entrer dans la Magiſtrature, il ſuffit d'avoir fait ſemblant d'étudier pendant trois ans les Loix romaines, qui ne ſont point celles de la France. En un mot, il n'eſt point de préparation pour entre dans un état reſpectable, grave, fait pour décider du ſort de tous les Citoyens.

E 5

Bien plus, l'avidité des Princes n'a point respecté les temples de la justice; ils ont poussé la rapacité jusqu'à vendre le droit de juger les peuples; ils n'ont pas craint qu'autorisés par ce trafic honteux, les Tribunaux ne missent à l'enchere ce qu'ils avoient acheté. Par ce commerce étrange la Magistrature, faite pour récompenser l'expérience, la science, la probité, les lumieres, ne put être le partage que de l'opulence, souvent acquise par les voies les plus iniques & les plus déshonorantes. (31)

La raison interdite est forcée de gémir en silence sur des abus invétérés, sur des plaies presque incurables que le despotisme en démence a faites aux nations. Si un Gouvernement plus sage ne peut qu'avec le temps guérir les maladies des peuples, des loix féveres devroient du moins obliger à la décence, & préserver les mœurs de ceux qui par état font faits pour être les arbitres, les modeles, les objets de la vénération & du respect des autres citoyens.

Quel respect peuvent donc avoir les peuples pour une jeunesse ignorante, frivo-

(31) L'Empereur Alexandre Severe disoit que le Prince, en vendant les charges, se privoit du droit de punir les magistrats prévaricateurs, pour avoir vendu la justice qu'ils auroient achetée de l'Empereur.

le, diffipée, dont les airs évaporés annoncent l'imprudence & la légereté ? quelle confiance les citoyens prendront-ils dans un Juge, chez qui le goût du plaifir produit un dégoût mortel pour un mêtier pénible ? de quel front un adultere, un débauché, un ignorant, un prodigue, ofent-ils prendre dans leurs mains profanes la balance de l'équité ? de quel œil des Magistrats honnêtes voient-ils fiéger à leurs côtés des hommes fouvent notés par des vices honteux & par des actions infamantes ?

Si les Tribunaux doivent être inamovibles & permanents fous un gouvernement légal, ils devroient du moins exercer une cenfure rigoureufe fur les membres qui déshonorent la magiftrature par leur conduite indécente ou criminelle. Des Compagnies, faites pour être refpectées, devroient exclure ces hommes de plaifirs, ces étourdis, ces fats remplis de vanité dont les manieres contraftent avec un état grave & férieux.

La loi devroit interdire les follicitations auprès des Juges. La juftice eft une dette que fes interpretes font tenus de payer, fans acception des perfonnes, à tous ceux qui la demandent. Eft-il une vanité plus fotte que celle d'un juge qui fe trouve flattée par les follicitations affidues ou les baffeffes réitérées d'un plaideur. C'eft de fon intégrité, de son application & de ses lumieres, qu'un Magistrat doit tirer sa considération.

PAR les vices sans nombre d'une jurisprudence obscure, & souvent très-opposée à la droite raison, le Juge, qui s'occupe de son métier, est accablé d'un travail qui se renouvelle à chaque instant. Il est forcé de renoncer aux amusements, aux plaisirs de la Société, dès qu'il veut examiner soigneusement les droits sur lesquels sa conscience doit prononcer.

QUOIQUE dans quelques pays l'avidité des Princes ait énormément multiplié les charges de judicature, le grand nombre des magistrats ne semble aucunement accélérer la décision des affaires : il n'est point sans exemple de voir des procès durer des siecles, & rien de plus ordinaire que des plaideurs totalement ruinés soit par les lenteurs coupables des Juges, soit par les fourberies & les ruses des gens de loi, soit enfin par le vice des loix, qui trop souvent ne semblent faites que pour attirer les citoyens dans des labyrinthes dont il leur est impossible de sortir.

DES loix mal digérées, des usages & des coutumes peu conformes à l'équité naturelle, réglant trop souvent les décisions des tribunaux, ne sont propres qu'à fausser l'esprit des juges : ils sont continuellement forcés de quitter la raison pour suivre la routine, ou le chemin que leur trace une Jurisprudence qui ne permet point de raisonner. Delà vient, sans doute, l'attachement aveugle que les tribunaux montrent quelquefois pour des institutions, des formes, des préjugés qu'ils ne sont pas à portée d'examiner de sang froid. Voilà pourquoi l'on voit la Magistrature mettre souvent des obstacles aux vues les plus salutaires d'un Gouvernement éclairé, s'opposer à toutes les réformes, regarder les changements les plus utiles comme des nouveautés dangereuses. Une mauvaise jurisprudence, n'est propre qu'à rétrécir l'esprit, à le rendre incertain, flottant & défiant.

*T*ACITE a très-bien remarqué, que *plus un Etat est corrompu, & plus les loix y sont multipliées.* Il est certain qu'une jurisprudence compliquée, tortueuse, des coutumes bizarres & déraisonnables, des usages souvent injustes & tyranniques, des loix peu claires & quelquefois en contradiction les unes avec les autres, forment le code qui doit servir de regle à la plupart des nations; ils font le désespoir & du magistrat qui doit décider, & du citoyen qui attend son jugement avec inquiétude. La jurisprudence d'aucun pays n'a la clarté, la simplicité qui caractérise les ouvrages de la raison. Les Souverains, soit par paresse, soit par des vues intéressées, trouvent plus court, ou plus utile de laisser les choses telles qu'elles font, que de remédier à des maux désolants pour leurs sujets. Depuis des milliers d'années, avec des milliers de commentaires & de gloses, les loix ne font point éclaircies; elles se font au contraire de plus en plus embrouillées; les regles du juste & de l'injuste font ignorées; nul citoyen n'est sûr de sa propriété; dès qu'on vient à la contester, il est forcé de se livrer en aveugle à des Praticiens qui, retranchés derriere les remparts de leur jurisprudence oblique, font la guerre à toute la Société & la dépouillent impunément. La probité la plus intrépide est effrayée toutes les fois qu'elle est tentée d'attaquer cette Armée formidable, & de détruire le repaire de ces brigands qui mettent leurs citoyens à contribution. (32)

(32) On assure que le célebre M. Daguesseau, après avoir long-temps travaillé à simplifier & corriger la jurisprudence Françoise, fut obligé de renoncer à son projet sur les représentations qu'on lui fit, que son nouveau Code alloit ruiner des milliers d'Avocats, de Procureurs & de suppôts de la chicane. Si l'on trouvoit un secret pour anéantir toutes les maladies, on déplairoit très-sûrement aux Médecins, aux Chirurgiens & aux Apoticaires, qui se verroient obligés de faire autre chose. Platon dit avec raison, que la multitude des Magistrats ou gens de loi, & des Médecins, annoncent la corruption d'un Etat, vu que la mauvaise foi des hommes fait vivre les gens de loi, ainsi que l'intempérance & l'oisiveté des citoyens fait subsister les médecins. Dans des Remontrances faites à Henri III Roi de France les Praticiens font nommés des *tricottiers de procès.*

.Les abus & les maux qui ont longtemps fubfifté femblent être néceffaires aux nations, & fe changent, pour ainfi dire, en des befoins pour elles. Sous des gouvernements injuftes, de mauvais Souverains & de mauvais Magiftrats fe croient intéresfés à maintenir les abus & les préjugés, les injuftices les plus marquées; & une foule de mauvais citoyens trouvent leur fubfiftance & leur vie dans les calamités publiques. Le Defpote & fes Miniftres, communément aveugles, corrompus & négligents, ne s'occuperont pas des loix; elles paroiffent inutiles ou gênantes à des hommes qui veulent donner un libre cours à toutes leurs fantaifies. Bien plus, fous un gouvernement toujours avide la multiplicité des loix, leurs contradictions, leur obfcurité, produifent un nombre infini de procès, divifent les citoyens, les animent les uns contre les autres, & mettent le Prince à portée de lever un impôt fur leurs vices & leurs démêlés. Tout gouvernement injufte fe trouve intéreffé à la dépravation de fes fujets, & met un tribut fur leur aveuglement. (33) Des Loix fimples, équitables, vrai-

---

(33) Le papier marqué ou *timbré*, ainfi qu'une infinité de droits fifcaux que les plaideurs font obligés de payer à tout moment, forment prefque en tout pays un produit immenfe pour les Princes, à qui les vices des peuples deviennent utiles & néceffaires à caufe des vices dont ils font eux-mêmes tourmentés.

ment utiles aux nations, ne peuvent être l'ouvrage de la tyrannie, toujours ignorante, pareſſeuſe, ſans vues, & qui jamais ne s'occupe que de ce qu'elle croit utile dans le moment.

Sous un gouvernement vicieux la magiſtrature eſt néceſſairement infectée de la contagion publique: les mauvais Princes ne peuvent former que de mauvais citoyens; ils ne rempliſſent les places que d'eſclaves, d'hommes mépriſables : ceux-ci, pour ſe donner quelque importance & ſe relever aux yeux des autres, craindroient une Juriſprudence ſimple & facile qui, en diminuant le nombre des procès, condamneroit des tribunaux à demeurer ſans fonctions. Les hommes qui par eux - mêmes n'ont rien qui les recommande, cherchent du moins à s'attirer du reſpect par la crainte du mal qu'ils peuvent faire, & de l'abus du pouvoir que leurs charges les mettent à portée d'exercer. Il n'y a que des méchants ou des ſtupides qui puiſſent ſe glorifier de la faculté de nuire. (34)

Ce n'eſt point du pouvoir de juger les citoyens, c'eſt de la diſpoſition à les juger
confor-

____

(34) *Oderint, dum metuant*, fut la maxime d'un tyran. *Peſtifera vis eſt, valere ad nocendum.* Seneca *de clementia. Lib.* l. 3. La *Morgue* que l'on reproche à quelques membres de la magiſtrature, n'eſt propre qu'à lui attirer la haine des citoyens.

conformément à la justice, qu'un magistrat doit tirer sa considération & sa gloire. S'enorgueillir du droit de mal juger ou de nuire, ne peut être le partage que d'un tyran; ce seroit la vanité d'un bourreau, qui seroit tout fier d'avoir le droit de tourmenter ou de faire mourir ceux que le malheur fait tomber entre ses mains.

Il est donc important pour l'honneur véritable de la Magistrature, ainsi que pour le bien-être & la sûreté des citoyens, que le Souverain rappelle les Juges aux devoirs & à la dignité de leur état, qu'une morgue insultante, une vanité dédaigneuse, ne feroient qu'avilir ou rendre odieux. La dignité d'un Magistrat consiste dans ses lumieres, dans son intégrité, dans ses vertus : il est grand lorsqu'il se montre au-dessus des petitesses qui remplissent les têtes rétrecies. Un Sénateur est un Pere de la Patrie, dont l'autorité, émanée du Pere commun des citoyens, doit, comme elle, n'inspirer qu'une crainte filiale, un respect mêlé d'amour. Ainsi le Législateur suprême, source de tout pouvoir, doit empêcher que l'autorité du Magistrat ne dégénere en une tyrannie, qui bientôt s'exerceroit sur toute la Société.

Exempt de passions, comme la Loi qu'il applique, le Magistrat doit fermer les yeux sur ses propres intérêts, sur ses penchants , sur les motifs personnels qui pourroient le séduire. Exécuteur de la Loi, qui devroit toujours être claire & précise, il ne doit pas se permettre de l'interpréter suivant ses fantaisies. Chargé du ministere rigoureux qui l'oblige à punir le crime, il ne doit jamais l'exercer avec fureur, ni perdre de vue l'humanité. Est-il rien de plus étrange que ces juges endurcis , en qui l'habitude fait taire tout sentiment de pitié pour des malheureux que la justice livre entre leurs mains?

Pour son honneur, sa conscience & sa gloire, il n'est point de corps plus intéressé que celui de la Magistrature à solliciter la réforme de la jurisprudence oblique & ténébreuse, qui, presque en tout pays, n'est propre qu'à égarer les juges, & qui souvent les force de résister à l'équité, à la raison, au bon sens. Tout Juge honnête & jaloux de sa gloire doit desirer l'anéantissement d'une hydre qui, à la faveur de ses antres obscurs, se nourrit de la substance des peuples, rend les décisions incertaines, & déshonore souvent les juges. Mais pour y parvenir il faut un Souverain fortement animé de l'amour de la justice, & fermement résolu de délivrer ses sujets des maux qui les consument. Il faut de la fermeté, il faut un courage opiniâtre pour combattre des abus soutenus par une foule de mauvais citoyens, c'est-à-dire, par tous ceux dont l'intérêt particulier se trouve en opposition avec l'intérêt général. Enfin il faut des lumieres pour éclairer les esprits foibles, qui trop souvent s'effraient des nouveautés les plus utiles & les plus nécessaires.

Ce seroit une erreur de croire que tous les défenseurs des abus anciens fussent toujours des méchants, des gens sans probité. Les abus les plus criants ont des côtés favorables, qui les font regarder comme utiles même par les personnes les mieux intentionnées. C'est ainsi que des usages, des formes frivoles, arbitraires, onéreuses pour le citoyen, lorsqu'ils sont consolidés par l'antiquité, deviennent quelquefois des entraves que le despotisme craint de briser. La probité défend la cause du mal, parce qu'elle le croit un bien; tandis que l'imposture défend le mal général, parce qu'elle le trouve utile à ses intérêts personnels. La bonté du cœur, la vertu, la sensibilité, nous égarent lorsqu'elles ne sont pas suffisamment éclairées. On ne peut faire le bien de tous sans faire du mal à quelques individus; & dans un mauvais gouvernement on nuit toujours à une multitude de particuliers quand on veut faire le bien de la nation; on heurte un

grand nombre de préjugés quand on n[e]
fuit que la raifon. Voilà pourquoi les vrai[s]
amis du public, les Réformateurs des abus[,]
les Princes les plus juftes, les Miniftres le[s]
plus fages, n'éprouvent pour l'ordinair[e]
que des contradictions, & ne travaillen[t]
que pour des ingrats incapables de fenti[r]
le bien qu'on veut leur faire. (35)

La pareffe de l'efprit doit encore être
mife au nombre des obftacles qui s'oppofent à la réforme de la Jurisprudence. On
s'effraie à la vue du chaos immenfe des
ufages antiques, des coutumes diverfes,
des Loix difcordantes que l'on fe croit
obligé de connoître, d'étudier, de dé-
brouiller, de concilier, de corriger, pour
parvenir à former un corps de Légiflation
plus raifonnable. La réforme des Loix feroit vraiment impoffible, s'il falloit, pour
l'opérer, fe livrer à des travaux auffi pénibles qu'inutiles.

Que le Légiflateur, ou ceux qui fous
fes ordres travailleront à la rédaction d'un
nouveau Code, laiffent là cet amas infor-
me de loix fur lefquelles tant de têtes
depuis tant de fiecles fe font inutilement
épuifées; qu'ils faffent main baffe fur tant
d'ufages bizarres & furannés qui reglent fi

____

(35) *Ploravere, fuis non refpondere favorem fperatum meritis.*

HORAT.

mal la conduite des hommes actuels; qu'ils dédaignent ces vaines coutumes, qui font que suivant un Magistrat éclairé, *dans tous les Etats il existe deux sortes d'équité, l'équité naturelle, & l'équité civile, qui contredit très-souvent la premiere.* (36) De-là les citoyens d'un même Etat n'ont pas, les mêmes idées de la justice; leurs juges ne la connoissent pas mieux que ceux qu'ils doivent juger. Enfin sans avoir égard aux énormes compilations que leur antiquité seule fait encore respecter, que l'ignorance ou la paresse ont servilement adoptées, que la tyrannie a maintenues & consacrées, les réformateurs de la Jurisprudence devroient aller puiser directement dans la nature de l'homme, dans le but de la Société, dans la Morale, les regles invariables & sûres qui peuvent & doivent le guider dans toutes les positions de la vie.

La Jurisprudence est la Morale revêtue de la sanction des loix. C'est en confondant la Législation avec la Morale que les hommes auront des principes sûrs, connoîtront leurs devoirs dans les rangs divers qu'ils occuperont; ils sauront com-

(36) Voyez *Discours de* M. G u i t o n d e M o r v e a u, *sur les devoirs des Avocats.* Le même Magistrat prétend qu'il existe en France 285 Codes différents. *Tome I. page* 55.

ment ils doivent agir comme Souverains &
comme Sujets, comme grands & petits,
comme Nobles, comme Juges, comme
riches & comme pauvres, comme époux,
comme maîtres & serviteurs. C'eſt alors
que chaque citoyen, ſachant ce qu'il doit à
la patrie, à ſes concitoyens, à lui-même,
n'aura pas beſoin de recourir à des Juris-
conſultes & à des Juges pour découvrir ſi
ſes prétentions ſont juſtes & légitimes.
L'équité naturelle, la juſtice univerſelle,
eſt la baſe de la Morale; & cette Morale doit guider la Juriſprudence: elle ſera
univerſelle pour lors, parce que, fondée
ſur la nature commune à tous les hommes, elle méconnoîtra les bornes que des
conventions ont fixées aux empires: elle
ſervira de fondement à la politique extérieure, parce que les nations ſont ſoumiſes aux mêmes devoirs que les individus.
En un mot, pour être bonnes, toutes les
loix doivent être fondées ſur la Morale,
dont la Légiſlation ne peut être que le
complément.

MÊME avec de la droiture & des lumieres les gens de loi ne ſeroient peut-
être pas toujours les hommes les plus propres à réformer la juriſprudence: trop
prévenus pour des regles antiques, pour
des loix trop longtemps reſpectées, pour

des droits établis par un long ufage, ils peuvent n'avoir fouvent que des idées flottantes fur l'équité naturelle. (37)

Au lieu de méditer triftement des loix anciennes, au lieu de pâlir fans profit fur des recueils poudreux de monuments & de chartes, fi les Jurifconfultes, plus philofophes ou plus défintéreffés, euffent étudié la nature de l'homme, les droits des Souverains & des fujets, les devoirs qui lient les citoyens entre eux, ils auroient fimplifié, abrégé, rectifié la Jurifprudence au point de la rendre intelligible à tout le monde. Des loix faites pour tous devroient être connues de tous. L'impofture & la fourberie s'entourent de ténebres, de fecrets & de myfteres; mais la fimplicité fut & fera toujours le figne de la vérité. Sigillum veri simplex.

Le Souverain, étant le défenfeur & le guide de fon peuple, lui doit une Légiflation jufte, claire, à la portée de tous ceux qui font faits pour s'y conformer: il feroit un tyran s'il ne leur préfentoit dans fes loix que des énigmes & des pieges; il fe rendroit coupable d'une honteufe négligence

(37) On dit que M. Dagueffeau, chancelier de France, après avoir fait travailler des Avocats célebres à la réforme des Loix, ne put en vingt années rien faire de leur travail. Le Souverain devroit peu-être propofer cette entreprife au concours de tous les citoyens éclairés.

s'il ne travailloit pas à réformer des lóix qui
fouvent ne font propres qu'à rendre le magiftrat perplexe ou injufte, & à livrer le
citoyen honnête à la rapacité d'une nuée de
harpies affamées.

CHAPITRE VII.

Des Loix morales relatives aux Miniftres de la Religion.

Sɪ, comme tout doit le prouver, obéir
à une fage légiflation c'eft fe conformer aux
regles de la Morale, on ne peut pas douter
que les miniftres de la Religion ne foient
foumis aux mêmes loix qui lient tous les
citoyens à l'Etat, & l'Etat aux citoyens.

Jupiter lui-même, dit Arrien, *ne pourroit pas être appellé le pere des Dieux & des
hommes, s'il n'étoit pas utile à tous.* En effet, fi Dieu eft l'auteur des hommes, on
doit lui fuppofer de l'amour pour les hommes, le projet de les rendre heureux: fi
Dieu eft la fource de toute juftice, de toute vertu, de toute Morale, il veut le bien
de la Société. Si les miniftres des autels
font les interpretes des intentions divines,
Dieu veut qu'ils annoncent aux peuples les
devoirs qu'il impofe à tous les hommes, &

Dieu ne prétend pas que ses ministres en soient exempts.

D'APRÈS ces principes, qu'on ne peut raisonnablement contester, les prêtres, non seulement sont liés par les mêmes devoirs qui obligent les autres citoyens, mais encore sont par état plus strictement tenus de les remplir. Un Prêtre sans mœurs seroit un ministre rebelle à la Divinité, qui lui prescrit les regles de la morale qu'il doit prêcher à tous les hommes. En un mot, d'après les principes de toute Religion liée avec la Morale, tout prêtre injuste & pervers, tout prêtre turbulent ou indocile aux loix justes de son pays, tout prêtre ingrat ou orgueilleux, qui refuseroit de secourir sa patrie & d'être utile à ses concitoyens, seroit un prévaricateur, un ministre infidele, un traître à son Dieu, & pourroit être soupçonné de n'avoir point de religion, de ne point réconnoître d'autorité divine.

UNE légiflation morale a le droit de rappeller à leurs devoirs tous ceux que leurs passions ou leurs intérêts particuliers pourroient en écarter; une telle légiflation seroit l'expression de la voix de Dieu. C'est sans doute dans ce sens qu'il faut entendre que *toute puissance bien réglée vient de Dieu;* (38) tandis que toute puissance déréglée ne peut venir de lui, est évidemment l'ouvrage des

______

(38) *Omnis potestas a Deo ordinata est.* VOYEZ S. PAUL.

hommes! corrompus , n'eſt qu'une uſurpa-
tion manifeſte , une tyrannie véritable ,
que Dieu doit réprouver, & que l'on ne
pourroit ſans blaſphême revêtir de ſon autorité.

IL n'y a de droits réels que ceux qui
ſont établis ſur la juſtice ; il n'y a d'autorité juſte que celle qui eſt avantageuſe à la
Société. Dieu , étant regardé comme la
juſtice par excellence, ne peut conférer que
des droits conformes à l'équité, au bien-
être de la vie ſociale. D'où il ſuit que les
droits qu'on appelle *divins*, ou dérivés de
Dieu, ne peuvent jamais être contraires à
la félicité publique.

LA Religion chrétienne , adoptée depuis long-temps par toutes les nations Européennes, eſt partagée en pluſieurs Sectes,
qui toutes s'accordent à fonder ſa préémi-
nence & la divinité de ſon origine ſur la
beauté de ſa Morale , ſur les avantages
qu'elle procure à la vie ſociale, ſur les effets qu'elle produit dans les mœurs des citoyens, ſur les vertus qu'elle répand dans
les familles. Ainſi cette Légiſlation céleſte
fonde ſes titres ſur l'excellence de la doctrine qu'elle annonce ; d'où nous devons conclure qu'une Légiſlation vraiment morale &
juſte eſt une légiſlation divine & religieuſe,
& que par conſéquent elle a le droit de
commander aux miniſtres de la religion

comme à tous les citoyens. Tant que les Loix humaines font juftes, elles doivent être fuppofées conformes aux loix divines : c'eft obéir à Dieu que d'obéir à ces loix. Lorfque le chriftianifme déclare qu'*il vaut mieux obéir à Dieu qu'aux hommes*, il enfeigne uniquement qu'il vaut mieux obéir à des loix juftes qu'à des loix tyranniques, qui font l'ouvrage de l'injuftice des hommes. Quand les miniftres de la Religion, pour s'excufer d'obéir à quelques loix humaines, difent qu'*il vaut mieux obéir à Dieu qu'aux hommes*, ils indiquent par cette maxime que la loi des hommes ne peut ordonner que ce qui eft jufte; que l'on ne doit pas obéir à des loix injuftes; que tout chrétien eft obligé de réfifter aux volontés d'un tyran, parce que les volontés humaines font alors injuftes & par conféquent oppofées aux volontés qu'on fuppofe à la Divinité.

CES réflexions très-fimples nous prouvent, que réellement il ne peut pas y avoir deux regles ou deux légiflations oppofées dans un Etat chrétien fagement conftitué. Dès que les loix humaines font juftes, elles doivent être regardées comme divines par les difciples d'une Religion qui fait émaner toute juftice de la Divinité. Mais d'un autre côté toute légiflation injufte, c'eft-à-dire, oppofée au bien public, ne peut

être réputée divine; elle ne peut être qu'
l'ouvrage de l'imposture humaine, de l'in
térêt particulier contraire à l'intérêt géné
ral, auquel tous les ordres de l'Etat son
obligés de concourir pour se conforme
aux vues divines.

CELÀ posé, la Jurisprudence que dans
les nations chrétiennes on appelle *ecclésiasti-
que*, ou le *Droit canon*, ne peut être contraire à la justice, à la Morale, au bien de
la Société: car dès-lors il ne seroit point
émané de Dieu, qui n'approuve pas l'injustice ou le mal moral, qui ne peut pas vouloir que ses ministres soient inutiles ou nuisibles à leur Patrie, qui veut que le prêtre
soit un bon citoyen, qu'il enseigne la vertu par ses mœurs & ses leçons, qu'il inspire
l'horreur du vice, qu'il secoure le pauvre,
qu'il console l'affligé, qu'il soigne le mala-
de, qu'il se distingue particuliérement par
son humilité, sa modération, sa tempérance,
sa pureté, son mépris pour les richesses,
son zele pour les bonnes mœurs, son humeur pacifique & remplie de douceur.
D'où l'on voit que les devoirs que la loi
divine impose aux ministres de la religion
sont exactement les mêmes que la Morale
universelle prescrit à tous les membres de
la Société; que cette loi ne seroit point
divine si elle contredisoit cette Morale,
faite pour juger la conduite des prêtres, &

pour décider de l'utilité & de l'équité du
Droit canon, des immunités, des prérogatives, des privileges, en un mot des avantages dont les nations font jouir le clergé.

C'est pour avoir méconnu des principes fi clairs, qu'on a vu pendant un grand
nombre de fiecles les nations chrétiennes
fi cruellement troublées par les querelles
interminables du Sacerdoce & de l'Empire.
Renonçant aux maximes humbles & paci-
fiques de fa religion, un prêtre vouloit
fe faire le roi des rois, difpofer des cou-
ronnes, faire céder les loix civiles & tem-
porelles à des loix religieufes & fpirituelles
que fon ambition ou fon intérêt avoit formées. En tenant une conduite fi hautaine,
le Vicaire du Chrift avoit fans doute oublié que l'orgueil & le defir de dominer
a été formellement condamné par celui
qu'il repréfente fur la terre. Les Pontifes
de Rome, chefs fpirituels d'une portion
nombreufe des chrétiens, n'avoient pas fait
attention que leur jurifdiction ne devoit
pas s'étendre fur les corps, fur les biens
temporels, fur les Etats, fur les chofes
de ce monde : enfin ils n'ont pas vu qu'en
s'efforçant de les fouftraire au joug de la
Légiflation civile, à l'autorité des Souverains légitimes, ils les invitoient à la licence, & les portoient à devenir des ingrats,
de mauvais citoyens, des membres inutiles

& incommodes de la Société qui les pro-
tégeoit , qui leur donnoit la subsistance,
qui les faisoit vivre dans l'abondance &
la splendeur.

C'est encore pour avoir méconnu les
maximes sociales du Christianisme que ses
prêtres , animés quelquefois par l'orgueil
& la vanité, ont excité des haines immor-
telles entre les chrétiens leurs disciples
& les chrétiens qui suivoient d'autres doc-
teurs. Aveugles dans leurs fureurs , des
fanatiques ont souvent poussé les Souverains à persécuter, à tourmenter, à faire
périr dans des supplices des citoyens, dont
tout le crime consistoit uniquement à ne
pas croire les mêmes choses que les Prêtres
en possession de la faveur du Prince. Ces
imprudents, dupes d'un faux zele, où guidés par un intérêt mal entendu, n'ont donc
pas vu qu'en armant la puissance contre
leurs foibles adversaires, ils l'armoient contre eux-mêmes dans le cas où ces adversai-
tes deviendroient les plus forts? (39)

Prêcher l'intolérance, c'est embra-
ser tout l'univers. En effet, si les Rois

(39) Theodoric, Roi des Goths, obligea le Pape Jean à solliciter l'Empereur Justin de cesser ses persécutions contre les Ar-
riens, le menaçant de faire essuyer les mêmes traitements aux
Catholiques de ses Etats, *parce que*, disoit ce guerrier, *le droit
de persécuter appartient à tous les Princes, ou n'appartient à
aucun.*

de France, d'Espagne, de Portugal, &c.
prétendent avoir le droit de persécuter ou
de vexer les hérétiques, les Proteftants de
leurs royaumes ; ces Princes ne peuvent
contefter aux Rois d'Angleterre, de Suede,
de Pruffe, le droit de faire éprouver chez
eux les mêmes traitements aux Catholiques-Romains.   De leur côté le Souverain
des Turcs, le Mogol, l'Empereur de la
Chine, jouiront fans difpute du droit de
faire étrangler tous les chrétiens de leurs
Etats. Les membres du Clergé qui prê-
chent l'intolérance, quand ils exhortent
les Souverains à gêner la liberté de con-
fcience & à extirper l'héréfie, ont-ils bien
réfléchi aux conféquences d'une doctrine
auffi anti-chrétienne qu'anti-fociale, capable de remplir le monde entier de troubles
& de carnages ? Un Gouvernement fage
ne devroit fe montrer intolérant que pour
les opinions des frénétiques, des fous dangereux ou des fourbes intéreffés & cruels
qui excitent les citoyens à fe haïr les uns
les autres à caufe de la diverfité de leurs
religions. Si la charité, qui n'eft dans le
langage de la théologie que l'humanité ou
la bienfaifance morale, eft la vertu fondamentale de la religion chrétienne, il eft à
craindre qu'il y ait bien peu de vrais chrétiens, même parmi ceux qui fe difent les
chefs & les foutiens du chriftianifme. Des-

hommes de cet affreux caractere rendent leur foi très suspecte, & la religion odieuse; ils la font regarder comme un instrument qui, dans leurs mains, ne sert que leur ambition, leur avarice, leur haine, aux dépens du repos des nations & des Souverains: ceux-ci doivent laver la religion & ses ministres de soupçons qui tendroient à les déshonorer & à les faire détester. Les Princes & les prêtres ne s'appercevront-ils jamais que ce n'est point par des violences que l'on peut convaincre les esprits; que ce n'est point par des supplices & des rigueurs que l'on peut se faire aimer?

Un des premiers soins d'un Souverain équitable, humain & chrétien, devroit être de bannir de ses Etats l'esprit d'intolérance, & de faire cesser toute contrainte & persécution. Le Gouvernement est destiné à contenir les passions des citoyens, & non pas à seconder leurs méchancetés ou leurs folies. Une législation, conforme à la Morale & à la Religion, n'ira pas tyranniquement fouiller dans la pensée; il ne se mêlera jamais des disputes sur le dogme, ou sur des mysteres réservés à des Théologiens; il ne s'occupera que des actions publiques; il contiendra tous les citoyens qui par leur conduite tendroient à troubler la paix des nations. Il est bien plus nécessai-

re

e d'établir dans un Etat la concorde & l'union, que d'établir des fystêmes, trop fouvent enfantés par des cerveaux malades. Il eft plus important pour la Société de bien faire que de bien penfer.

On nous dira peut-être, que les opinions religieufes influent fur les actions ; mais une expérience continuelle dément cette affertion : elle nous prouve que les adhérents de la religion dominante ne font très fouvent ni plus fages ni meilleurs citoyens, que ceux des fectes opprimées ou fimplement tolérées. Cette expérience nous démontre que l'on peut être très orthodoxe dans fes opinions, & très déréglé dans fes mœurs. Enfin tout nous démontre que le dévot fanatique, intolérant, inhumain, fait plus de mal à fes femblables par fes actions, que l'incrédule le plus décidé n'en peut faire par des opinions ou des écrits, qui ne conviennent qu'à très-peu d'hommes, & qui font rejettés par la multitude. Le prêtre fanatique a le droit de prêcher ouvertement fes maximes à des peuples difpofés à fuivre fes leçons ; mais l'incrédule répand en fecret des opinions faites pour un très-petit nombre de citoyens ou de Savants incapables de troubler le repos de l'Etat. (40) C'eft à l'efprit intolérant, & aux

(40) Les maximes de la tolérance chrétienne fe trouvent cla-

mœurs peu sociables de quelques membres du clergé, que l'on doit attribuer les progrès de l'incrédulité.

Les Incrédules sont ceux qui rejettent

bliés de la façon la plus claire & la plus persuasive dans les *Lettres du Pape Clément XIV*, récemment publiées à Paris. Ce Pontife savant, & rempli de bonté, y fait voir la différence qu'il y a entre un dévot intolérant & un chrétien véritable. *Il n'y a point*, dit-il, *de mal qu'on ne fasse, en croyant même faire le bien, lorsqu'on n'a pour guide qu'une dévotion ignorante.* Voyez Lettre XXVII de Clement XIV. Il est bon de joindre au témoignage de ce grand Pape un beau passage de Salvien, Evêque de Marseille, en faveur de la tolérance : ,, ce sont, dit-
,, il , des hérétiques, mais ils ne le savent pas ; ils le sont dans
,, notre opinion, non dans la leur ; car ils se croient si bien
,, Catholiques, qu'ils nous traitent nous-mêmes d'hérétiques : ainsi
,, nous sommes dans leur opinion ce qu'ils sont dans la nôtre....
,, La vérité est de notre côté ; mais ils pensent qu'elle est du leur ;
,, nous honorons la Divinité ; & ils jugent que leur croyance l'ho-
,, nore davantage : ils manquent à leur devoir ; mais ils placent
,, leur devoir dans leur façon d'agir : ce sont des impies ; mais
,, ils croient avoir la véritable piété : ils se trompent donc ; mais
,, ils se trompent de bonne foi, non par haine, mais par amour
,, pour Dieu , pensant que de cette maniere ils aiment & hono-
,, rent parfaitement le Seigneur : ils n'ont pas la vraie foi ; mais
,, ils sont persuadés d'avoir le véritable & parfait amour divin.
,, Le Juge suprême est le seul qui sache comment ils seront punis
,, au jour du jugement pour leur fausse opinion : en attendant
,, Dieu les supporte patiemment." Voyez Salvian. de Gu-
bern. Lib. V.

Voilà les sentiments de douceur que devroient avoir tous les véritables chrétiens, & sur-tout les chefs de l'Eglise : lorsqu'ils en ont de contraires, le gouvernement doit les y ramener , & les contraindre à pratiquer la douceur évangélique, qui ne permet pas qu'un dévot soit un mauvais citoyen.

toute religion révélée. Si plufieurs d'entre eux ne prennent leurs opinions que pour fe débarraffer d'un joug incommode à leurs paffions, alors ils n'ont aucune idée de la Morale naturelle, auffi oppofée que la Morale religieufe à des défordres & des vices que les loix devroient punir. Mais il eft un grand nombre de penfeurs plus honnêtes, qui refufent de reconnoître les droits de la religion, ou qui nient fon origine célefte parce qu'ils croient que fes miniftres prêtent à la Divinité un langage très oppofé à la vertu & au bonheur des hommes. Les miniftres de l'Eglife ne peuvent ramener ces derniers qu'en leur prêchant des maximes plus conformes aux qualités d'un Dieu & à la Morale, qu'on fuppofe une émanation de fa fageffe & de fon amour pour les humains. Un Dieu qui voudroit qu'on exterminât les hommes pour des erreurs involontaires, ne feroit pas propre à toucher le cœur des incrédules gens de bien. Un Dieu dépourvu de juftice & de bonté paroîtroit fi contraire aux idées de perfection qu'on fe forme de la Divinité, qu'il conduiroit à l'Athéifme des penfeurs qui ne fauroient pas concilier cette doctrine intolérante avec les attributs divins. Enfin les maximes des prêtres intolérants tendroient à les faire paffer ou pour des fourbes ou pour des forcenés aux yeux des perfonnes qui auroient des idées vraies de la Morale ou de la fo-ciabilité.

AINSI les loix divines, toujours conformes à la faine Morale & à la vraie Politique, permettent, & même ordonnent aux Légiflateurs, d'inviter & de contraindre les miniftres de la religion à vivre paifiblement dans l'état qui les nourrit & les protege, & à lui montrer leur gratitude par des fervices réels, par la fidélité à remplir les devoirs de leur état.

LES prêtres font par état les inftituteurs de la jeuneffe, les prédicateurs de la vertu, les propagateurs de la Morale, les philofophes-nés de toutes les nations Européennes : en confidération de ces fonctions utiles ils jouiffent des refpects, de l'eftime & des bienfaits des Sociétés. Si jufqu'ici leurs travaux n'ont pas eu le fuccès que l'on pouvoit en attendre, c'eft que fouvent des gouvernemens peu foigneux leur ont permis de fe livrer à l'indolence ; c'eft que, trop occupés du dogme ils ont trop négligé la Morale ; c'eft que l'attention des plus puiffants génies du clergé, abforbée dans des difputes abftraites, fubtiles, peu faites pour le commun des hommes, ne s'eſt point encore porté ſur des objets plus intéreſſants pour le public.

DES Souverains éclairés ſur les intérêts de l'Etat mettront mieux à profit les talents du Clergé. Diſtributeur des bénéfices & des dignités de l'Egliſe, le Prince eſt à portée de tourner les eſprits de tant d'hommes inſtruits vers des études plus utiles aux citoyens que des controverſes théologiques, qui trop ſouvent n'occaſionnent que des troubles. Il y a tout lieu de croire, qu'animés par les récompenſes dont leur état eſt ſuſceptible, les différents membres du clergé s'efforceroient d'acquérir les connoiſſances les plus avantageuſes à la Patrie ; ils renonceroient à cet eſprit querelleur & chagrin, qui les déshonore aux yeux de bien des gens, pour prendre des mœurs plus ſociables & plus douces.

IL n'eſt point de ſcience utile qu'un gouvernement éclairé ne pût faire fleurir à l'aide du clergé. Sans charger l'Etat par de nouvelles dépenſes, un Prince, qui diſtribueroit avec ſageſſe les revenus déjà ſubſiſtants de l'égliſe, feroit retrouver à la Patrie un grand nombre d'enfants & de talents qui ſont perdus pour elle,

Ceux des Etats de l'Europe dans lesquels on trouve des monasteres très-richement fondés, jouissent d'un avantage inestimable, s'ils savoient en profiter. Pourquoi laisser croupir tant de cénobites dans une léthargie fatale à eux-mêmes, & qui les rend nuls pour la Société? Tout moine est un homme qui a plus ou moins étudié, dont l'esprit s'est plus ou moins développé, & dont, par conséquent, il est possible de tirer quelque utilité. Si, par des récompenses porportionnées à son état, on le faisoit sortir de sa langueur, si l'on excitoit de l'émulation dans son ame engourdie; pourquoi ne se promettroit-on pas d'en faire un Savant estimable, un citoyen vertueux? Si les monasteres sont souvent les repaires cachés des cabales, de la discorde & du vice, c'est qu'il est difficile que le désœuvrement n'engendre pas de la corruption. La vraie façon de réformer les moines seroit de les occuper, de leur inspirer de l'émulation. Une vie retirée est favorable à l'étude, & devient pour l'homme studieux une source d'amusements. Des hommes qui travaillent songent moins à cabaler ou à nuire, que des fainéants. Des travaux utiles devroient remplacer de trop longues prieres,

Ce n'eſt point, diſoit Caton, *avec des vœux & des prieres qu'on obtient les ſecours des Dieux, c'eſt en veillant, en agiſſant, en ſongeant à ſes affaires. Quand on ſe livre à la pareſſe, on implore en vain les Dieux : ils haïſſent les pareſſeux.* (41).

Dirigés par les ordres d'un bon gouvernement, les monaſteres ſeroient bientôt changés en des maiſons d'éducation, dont les maîtres ſe trouveroient alimentés & dotés. On n'auroit pas à craindre que l'éducation de la jeuneſſe ne fût trop monaſtique, en préſcrivant aux inſtituteurs le plan fixe de ce qu'ils doivent enſeigner. Par cette voie des cénobites pourroient former juſqu'à des militaires, à l'aide des inſtructions élémentaires que l'on pourroit leur faire adminiſtrer. Si des moines ne peuvent pas donner à la jeuneſſe la pratique des différents états auxquels on la deſtine, ils peuvent du moins lui en donner la théorie ; ils peuvent ſur-tout l'accoutumer de bonne heure au joug de la Morale, qui doit être la même pour tous les états

(41) Cette verité commence à ſe faire ſentir dans les nations les plus ignorantes : du conſentement du Pape les Polonois viennent de ſupprimer 29 fêtes dans l'année. Les nations Proteſtantes ont un mois de plus par an que les Catholiques-Romains. Il eſt inutile de parler de l'ivrognerie & des déſordres cauſés par l'oiſiveté.

G 4

de la vie. L'Histoire, la Physique, la Géométrie, l'Astronomie, la Géographie, &c. peuvent, avec de bons éléments, être enseignés dans un monastere, encore mieux que dans des colleges placés au sein des villes corrompues & dissipées. (42).

C'est par la faute des Gouvernements que les moines sont inutiles. On doit dire la même chose de tant de couvents de religieuses. Celles-ci du moins s'occupent bien ou mal de l'éducation des jeunes filles : leurs maisons sont des asyles où, pour quelques années, les parents peuvent déposer leurs enfans, en sûreté. Si dans ces solitudes les filles, destinées à devenir un jour des meres & des citoyennes, n'apprennent rien d'utile ; si l'on ne prend aucun soin de leur former le cœur & de leur orner l'esprit ; il faut s'en prendre à la négligence des Souverains, qui semblent méconnoître le parti qu'on pourroit tirer de tant de maisons religieuses, en y répendant les connoissances nécessaires au beau sexe, en excitant de l'émulation entre les Religieuses, en récompensant celles qui se distingue-

____

(42) L'Ordre des Bénédictins a produit un grand nombre de Savants respectables, dont les travaux les auroient rendus plus chers encore à la Société, s'ils les eussent portés sur des objets plus utiles que des chartres, des titres, des légendes.

roient par leurs soins à remplir les vues
du Gouvernement. Les femmes, par la
foiblesse de leurs organes, ne sont pas
susceptibles des connoissances abstraites,
des études profondes & suivies qui conviennent aux hommes; mais la sensibilité
de leurs ames, la vivacité de leur esprit,
la mobilité de leur imagination, les rend
très susceptibles d'adopter avec chaleur
les sentiments du cœur. Il seroit donc
très facile de leur inculquer une Morale
humaine, compâtissante, bienfaisante: on
pourroit leur faire contracter l'habitude de
la douceur, de l'amour du travail, de la
patience; vertus qui leur seront si nécessaires quand elles seront épouses & meres
de famille: on pourroit les prémunir de
bonne heure contre des passions & des
foiblesses capables de faire par la suite le
malheur de leur vie: on pourroit les accoutumer à la lecture, & leur inspirer du
moins du goût, de la curiosité pour des
connoissances solides, propres à les amuser utilement & à les rendre moins légé-
res, plus estimables, & à les guarantir
de l'ennui auquel elles sont souvent exposées dans le monde. C'est faute d'une
éducation convenable que la moitié la plus
aimable du genre humain languit trop communément dans l'inaction & l'ennui, devient presque inutile, ne connoît aucuns

devoirs, ne s'occupe que de frivolités, se laisse entraîner dans le désordre, & finit souvent par produire du ravage dans la Société. L'éducation des femmes mériteroit la plus grande attention de la part du Législateur : en les faisant bien élever il les rendroit plus sages, plus heureuses, & les hommes beaucoup meilleurs.

PAR la négligence des gouvernements les maisons religieuses non seulement sont inutiles à l'Etat, mais encore elles ne contribuent nullement au bien-être des personnes qui s'y trouvent renfermées. Le despotisme est la base du gouvernement monacal : ce gouvernement injuste & capricieux ne peut former que des esclaves, & régner sur des malheureux, dans lesquels on doit trouver tous les vices que donnent l'abjection d'ame & la servitude. Delà résultent l'humeur sombre & morose, l'esprit de cabale & d'intrigue, les discordes fréquentes, & sur-tout les chagrins, aussi longs que la vie, qu'on voit regner dans les cloîtres. L'expérience nous fait connoître que rien n'est plus cruel que la tyrannie monastique, trop souvent exercée par des personnes en qui l'éducation n'a jamais développé ni l'humanité, ni la sensibilité, ni la pitié, ni aucune des vertus sociales. (43)

(43) On sait que presque tous les monasteres ont des prisons

UN Gouvernement équitable ne doit tolérer aucune tyrannie dans l'Etat: Le moine, ainfi que tout citoyen, a droit à la protection des loix ; elles devroient le fouftraire au defpotifme qui s'arroge le droit de le rendre malheureux ; ou plutôt elles devroient anéantir tous ces vœux imprudents , par lefquels, dans l'âge de l'inexpérience , une jeuneffe enthoufiafte s'eft liée pour la vie à des regles totalement incompatibles avec fa nature ou fon bien - être, & dès - lors très oppofées à l'efprit d'une religion qui fait profeffion d'adorer une Divinité bienfaifante. Ainfi le Légiflateur fe conformeroit même à l'efprit du chriftianifme, en rendant la liberté à une multitude de captif des deux fexes qui gémiffent fous les fombres voûtes des monafteres: leurs hommages forcés ne peuvent être agréables à la Divinité.

EST-il une cruauté plus déteftable que celle de tant de parents qui, pour augmenter la fortune de quelque enfant favorifé, condamnent des filles timides à s'enfevelir

affreufes, dans lefquelles il dépend du caprice d'un Supérieur de précipiter pour la vie un moine qui lui déplait. Des exemples affez fréquents prouvent que ces victimes du defpotifme ont fouvent langui durant un grand nombre d'années dans ces cachots, dont une mort fecourable n'avoit pu les délivrer.

pour la vie dans un couvent? Les loix ne devroient-elles pas févir contre ces tyrans, qui abufent d'une façon fi barbare de l'autorité paternelle? (44) Sur les plaintes des enfants traités avec cette inhumanité, les loix ne devroient-elles pas brifer des vœux extorqués par la crainte, forcer d'indignes Parents de pourvoir à la fubfiftance de ces victimes de l'injuftice, & les mettre elles-mêmes fous la fauvegarde publique?

En un mot, une légiflation bienfaifante devroit rendre à la Société toutes les perfonnes qu'une piété peu réfléchie, que la féduction, ou la violence, ont engagées à prendre un genre de vie dont il ne réfulte pour elles que des chagrins & des larmes. Les monafteres feroient fans doute des afyles plus agréables à Dieu & plus utiles aux hommes, s'ils ne renfermoient que des perfonnes libres & débarraffées de chaînes odieufes. Pour lors les maifons religieufes ne feroient plus des prifons, mais des retraites, dans lesquelles des perfonnes dévotes ou ftudieufes pourroient vivre en paix, dégagées des embarras du monde, tant que ce genre de vie tranquille s'accorderoit avec

______

(44) *Voyez* fur cette matiere le Drame fi pathétique de *Mélanie* par M. *de la Harpe.*

leur bonheur. (45) Par-là les couvents, feroient des reſſources merveilleuſes pour des citoyens honnêtes, peu accommodés des biens de la fortune, qui voudroient ſe procurer une vie douce & paiſible en s'éloignant du tumulte & des vices de la Société.

Nous n'examinerons point ici la queſtion du *célibat des prêtres*, ſur laquelle le chriſtianiſme eſt partagé. Nous obſerverons ſeulement, que le mariage eſt un noeud propre à lier plus intimement les hommes à la Patrie, & à conſerver les mœurs. On ne trouve chez quelques nations tant de moines & de prêtres ſcandaleux & diſſolus, que parce que c'eſt en-vain que l'on combat la nature, toujours plus forte que les inſtitutions qui la contrarient. *Il vaut mieux ſe marier que de brûler*, dit un Apôtre de la religion

---

(45) Les villes des Pays-bas ont pour les femmes des maiſons religieuſes de cette eſpece, connues ſous le nom de *Béguinages*, d'où l'on peut ſortir à volonté pour ſe marier ou pour vivre dans le monde. —— Dans preſque tous les pays catholiques-romains on peut engager ſa liberté à 16 ans dans un couvent, tandis que la majorité eſt fixée par les loix à 25 ans. Ces diſpoſitions abſurdes ſont contraires même aux Canons de l'égliſe. En l'an 506 le Concile d'Agde, auquel préſida S. Céſaire d'Arles, décida qu'on ne devoit pas donner le voile aux filles avant l'âge de quarante ans. *Sanctimoniales, quantumlibet earum vita & mores probati fuerint, ante annum ætatis ſuæ quadrageſinum non velentur. Canon. 19.* S. Léon Pape défendit la même choſe.

chrétienne. Cette décision paroît, sans blesser la religion, laisser à tout législateur chrétien la liberté d'agir de la façon la plus conforme aux intérêts de la Société.

PAR une injustice trop commune les membres du clergé les plus utiles, les plus laborieux, ne sont ni les plus honorés ni les mieux récompensés. Dans bien des nations chrétiennes ce n'est ni la science, ni la vertu qui menent aux dignités de l'Eglise, c'est la naissance, qu'accompagnent souvent le vice, l'ignorance & l'indolence. Des Prélats vont étaler un luxe scandaleux dans les villes, & s'y font remarquer par une conduite peu faite pour attirer sur leur ordre la considération des citoyens. Quels fruits peut-on attendre de la doctrine de tant de Pasteurs, qui jamais ne daignent résider parmi leurs ouailles, qui croiroient au-dessous d'eux de les instruire par euxmêmes, qui semblent mépriser leur état, & l'avilir aux yeux des autres ? Une législation attentive ne devroit-elle pas obliger ces ministres négligents de la religion à se tenir au milieu du troupeau qui leur est échu en partage, pour y répandre des bienfaits, pour donner des exemples & des leçons, sous peine d'être privés des émoluments attachés à des fonctions & à des devoirs qu'ils refusent de rem plir ? Par quel étrange oubli de leurs droits les chefs des nations se seroient-ils privés de la faculté de punir des hommes, qui reçoivent les bienfaits du gouvernement sans vouloir rien faire pour les mériter ? La religion peut-elle autoriser l'inamovibilité de ses ministres, lorsqu'ils la déshonorent aux yeux des nations ?

E L L E tomberoit dans le mépris si des Pasteurs, plus exacts à remplir leurs devoirs, ne retenaient les peuples sous ses loix. Ce sont ces Pasteurs, plongés souvent dans l'indigence, que le gouvernement devroit sur-tout favoriser de ses regards, animer par des récompenses, mettre en état de vivre sans bassesse & même de secourir la misere dont ils sont les témoins. Ce sont ces hommes, dédaignés ou despotisés par leurs supérieurs, qui méritent souvent la confiance des peuples; c'est d'eux qu'un Gouvernement pourroit se servir avec succès pour en faire les apôtres de la Morale, les hérauts de la vertu.

Q U E L Q U E S écrivains politiques ont cru que, pour le bien de l'Etat, les Souverains devroient s'emparer des richesses prodiguées autrefois aux ministres de la religion. Au moins est-il certain que ces richesses immenses, placées entre les mains d'un Gouvernement équitable, le mettroit à portée de fubvenir aux befoins des pauvres, de former un grand nombre d'établiffements utiles & conformes à l'efprit d'une religion fociale. Enfin on ne peut douter que les membres du clergé, ftipendiés à proportion des fervices réels qu'ils rendroient à la Patrie, ne devinffent plus éclairés, plus fideles à leurs devoirs, plus paifibles, & bien plus confidérés. (46)

CHAPITRE VIII.

Loix morales pour les Riches & les Pauvres.

L'*Homme libéral*, dit Ariftote, *eft celui qui fait un bon ufage de fes richeffes.* Mais en quoi peut confifter ce bon ufage? C'eft à faire du bien à fes femblables. La bienfaifance doit être la juftice ou la vertu du Riche: c'eft à remplir ce devoir que le Légiflateur doit l'exciter. Le Riche ne fait que payer une dette quand il verfe
son

(46) Depuis quelques années Catherine II, Impératrice de Ruffie, s'eft emparée de tous les biens eccléfiaftiques de fon Empire; les revenus affignés aux Evêques, aux Abbés & aux moines, fe paient au tréfor public.

ſon abondance ſur ſes concitoyens. Les citoyens les plus opulents dans un Etat ſont comme des réſervoirs, placés de diſtance en diſtance pour arroſer les terreins deſſéchés par les ardeurs de l'été: quand les eaux qu'ils contiennent demeurent ſtagnantes, elles ſe corrompent & répandent au loin des vapeurs empeſtées.

Les grandes fortunes, comme on l'a dit ailleurs, ſont pour l'ordinaire des fruits de l'injuſtice, d'une induſtrie funeſte, de la violence; moyens auxquels une légiſlation équitable ne peut nullement ſe prêter; elle doit laiſſer aux tyrans de l'Aſie cette affreuſe Politique par laquelle ils permettent à leurs ſuppôts de s'enrichir par les moyens les plus cruels, afin de les dépouiller lorſqu'ils ſe feront ſuffiſamment gorgés de la ſubſtance des peuples. Quelques Gouvernements Européens n'ont que trop bien ſuivi ces maximes odieuſes du deſpotiſme oriental: on a vu des Princes avides ſe faire un principe d'engraiſſer quelques ſujets favoriſés du ſang des citoyens, afin de trouver dans ces ſang-ſues publiques des moyens faciles & prompts de ſatisfaire leurs paſſions inſatiables. C'eſt par ces impôts indirects, levés toujours avec cruauté par des hommes endurcis, que des gouvernements imprudents ſont parvenus à ruiner les États les plus puiſ-

H

sants, & à se mettre eux-mêmes sous la tutele d'un petit nombre de brigands auxquels ils avoient accordé le privilege infame de piller impunément la Patrie.

Toute ame honnête & sensible est forcée de gémir sur un pareil aveuglement. Quelle idée peut-on se former d'un gouvernement, ou plutôt d'un désordre politique, dans lequel le Souverain, le protecteur des peuples, arme une portion de ses sujets contre les autres, & liant ceux-ci par ses loix, les oblige à se laisser dépouiller ? Un semblable délire est pourtant l'effet que la soif des richesses produit chez un grand nombre de Princes : le despotisme les accoutume à suivre toutes leurs fantaisies : des guerres imprudentes & continuelles, & plus encore le faste & l'avidité des cours, épuisent les trésors de l'Etat : les tributs ordinaires ne pouvant plus suffire, les peuples sont accablés d'impôts, que la rapacité ingénieuse fait inventer à tout moment ; alors la nation est livrée sans défense aux extorsions multipliées de quelques voleurs, qui prosperent & triomphent sur les débris de l'Etat, qu'avec le consentement du Prince ils ont totalement ruiné.

Instruits par les exemples de tant d'empires détruits par les caprices du despotisme, par l'avidité des Souverains, par la foif des richeffes, par les folies du luxe, par la corruption des mœurs, les Princes ne fentiront-ils jamais que la juftice, la modération, l'œconomie, font des foutiens fans lefquels un Etat eft forcé de s'écrouler? Engourdis dans l'opulence, éblouis par l'éclat trompeur de la cour qui les environne, ces Princes ne jetteront-ils jamais un regard de pitié fur les peuples plongés dans la mifere? croiront-ils être vraiment grands & puiffants, parce qu'ils verront autour d'eux quelques courtifans ornés des fignes de l'abondance, ou lorfque leurs yeux fe porteront fur les Palais que la rapine éleve avec impudence au milieu des débris de la félicité nationale? Enfin ces aveugles Souverains pourront-ils fe croire bien affurés de leur puiffance & de leurs propres richeffes, quand leurs provinces ne feront remplies que de cultivateurs découragés & réduits au défefpoir par des vexations continuelles?

Le Souverain qui ruine fes Peuples rend fes débiteurs infolvables. (47) Le Prince n'eft riche & puiffant, que lorfqu'il gouverne avec équité une nation remplie de citoyens actifs & de riches bienfaifants. La juftice eft la vertu du Prince; la libéralité, la bienfaifance, font les vertus du

____

(47) Cette penfée eft de l'Abbé de S. Pierre.

pauvre. C'eſt du concours de ces vertus
que réſulte la félicité publique & particuliere. La juſtice du Souverain fait qu'il
tient la balance d'une main ſûre entre tous
ſes ſujets : il invite tous les ordres de l'E-
tat à concourir au bien public à leur maniere ; les Grands, les Nobles, les Riches
par des bienfaits, par les ſecours qu'ils
fourniſſent à l'indigence ; le Pauvre par les
ſervices qu'il rend au Prince, aux Riches
aux Grands ; ſervices qui, bien loin de
mériter leurs mépris & leurs outrages, lu
donnent un droit légitime à leur affection
& à leur reconnoiſſance. *Le pauvre, di*
Ariſtote, *aime le riche pour le profit ; l*
riche doit aimer le pauvre pour les ſervice
qu'il en tire. (48)

M A I S la proſpérité rend les homme
ingrats : l'opulence eſt vaine & dédaigneuſe
elle oublie ce dont elle eſt redevable au
travaux de l'indigence : le Grahd, le Ri
che, le Noble, ont communément l'injus
tice de maltraiter le pauvre, parce que trop
ſouvent ils le font avec impunité. C'eſ
aux loix qu'il appartient de réprimer l'injus
tice de tant d'ingrats, que de mauvai
gouvernements ſemblent autoriſer. Ariſtot
dit avec raiſon, *que les Rois n'ont été fait*
que pour rendre la juſtice, qui conſiſte
empêcher que les riches ne ſoient opprime

(48) A R I S T O T. *Ethic. Lib. V.*

par le peuple, & à garantir le peuple des injures des riches. (49) Affez & trop fideles à remplir le premier de ces devoirs, les Princes, pour l'ordinaire, ignorent le fecond ; leurs Loix, trop partiales pour les riches, femblent abandonner le pauvre à leur difcrétion.

L'ÉNORME difproportion que les richeffes mettent entre les hommes, eft la fource des plus grands maux de la Société ; elle mérite par conféquent toute l'attention de ceux qui gouvernent. Pour rendre un Etat heureux le Gouvernement devroit non feulement mettre obftacle à ces fortunes rapides, injuftes, immenfes & fcandaleufes, qui fe font communément aux dépens du Prince & des Sujets ; mais encore la légiflation devroit foigneufement empêcher que les richeffes & les propriétés d'une nation ne s'accumulaffent dans un petit nombre de mains. L'intérêt de l'Etat eft toujours lié avec celui du grand nombre ; il exige que beaucoup de citoyens foient actifs, utilement occupés, jouiffants d'une aifance qui les mette à portée de fubvenir fans peine aux befoins de la Patrie. Il n'y a point de Patrie pour l'homme qui n'y poffede rien, ou qui n'y jouit que d'une exiftence précaire : la Patrie eft indiffé-

(49) ARISTOT. *Politic. Lib. VIII.*

rente pour ceux à qui elle ne se montre
que comme une marâtre, qu'elle ne protege point, qu'elle ne fait pas subsister.

On diroit que les riches ont formé le
projet d'arracher la terre à sa destination:
semblables aux conquérants ; ils veulent
tout envahir peu contents des palais qui
reçoivent leurs personnes, souvent chéti-
ves, des jardins étendus, des parcs immenses, des forêts, des allées à perte de vue,
deviennent des besoins pour eux (50):
vous les voyez occupés à réunir des domaines, à faire des acquisitions continuelles ; ils voudroient changer leurs terres
en des provinces, que bientôt par dégoût,
par négligence, par avarice, par impéritie, ils laisseront tomber en friche, sans
profit ni pour eux-mêmes ni pour l'Etat.
Tout terrein inculte devroit rentrer dans
la masse commune, pour être donné à
ceux qui peuvent le faire valoir utilement
pour eux & pour le société.

Une Législation plus équitable & plus
sage devroit du moins s'opposer à ces
usurpations de l'opulence, toujours éprise
de ce qu'elle n'a point, & toujours mé-
contente ou dégoûtée de ce qu'elle a.

(50) Il est inconcevable que les gouvernements ne s'apperçoi-
vent pas du tort que fait à l'Etat le droit de chasse, accordé à
la Noblesse, qui est la ruine du cultivateur. L'Agriculture est
indignement sacrifiée à l'amusement des riches !

Un gouvernement moins partial pour les riches trouveroit évidemment dans les poſſeſſions ſuperflues, qui ſe perdent entre leurs mains, dequoi employer utilement les bras d'une infinité de malheureux qui, ne poſſédant rien & ne pouvant s'occuper, vont chercher dans le vol & les aſſaſſinats des moyens plus faciles de ſubſiſter. Véxé par les impôts, dépouillé par les riches, maltraité par les grands, rebuté par des cœurs endurcis, dépourvu pour l'ordinaire des principes de la morale, le pauvre s'irrite contre la Société, lui déclare la guerre, ſe venge de ſes injuſtices par des crimes, & riſque ſouvent ſa vie, ſoit pour ne pas mourir de faim, ſoit pour contenter des vices que l'exemple des riches lui a fait contracter.

L'INDIGENCE, tant de fois le jouet des paſſions & des caprices de la puiſſance, ou flêtrit le cœur de l'homme ou le rend furieux. On eſt ſurpris de voir les gens du peuple ſi bas, ſi dépourvus de honte, ſi diſpoſés à commettre le mal pour l'intérêt le plus ſordide; mais on ceſſera de s'en étonner quand on réfléchira que, par l'iniquité des gouvernements, par leur négligence à réprimer ou à punir les excès des riches & des grands, le reſſort de l'ame du pauvre eſt entierement brifé; il fe méprife lui-même, parce qu'il fe voit l'objet du mépris & des rebuts de tout le monde; il hait les riches & tous fes fupérieurs, parce qu'il ne voit en eux que des ennemis, des hommes dépourvus de pitié; il hait l'autoriré, parce qu'il croit qu'elle n'eft faite que pour l'opprimer, & non pour le fecourir ou le défendre.

CES vices & ces abus fe montrent furtout dans les Monarchies, où les rang & les richeffes mettent une trop grande inégalité entre les hommes: c'eft donc là fur-tout que la juftice du gouvernement & des loix devroit réprimer les attentats de la grandeur, & châtier les infolences des riches. Dans les Etats républicains & libres, où les hommes font moins inégaux, l'homme du peuple, exempt de crainte, s'eftime davantage, parce qu'il fait que la loi le protégera. Ce devroit être, fans doute, fa fonction en tout pays: l'équité doit par-tout défendre le foible, le pauvre, le petit, contre les entreprifes du puiffant, des riches & des grands, à qui la protection des loix eft bien moins néceffaire. Un bon Roi n'eft pas celui qui favorife des grands, c'eft celui qui prend en main les intérêts du peuple, que l'opulence & la grandeur s'efforcent d'opprimer toutes les fois que l'autorité souveraine néglige de les contenir. L'injustice & l'impunité sont réputées par-tout des privileges du pouvoir.

Un gouvernement équitable empêchera le riche de tout envahir, & mettra le pauvre à portée d'acquérir, de travailler & de jouir en sûreté des fruits de son labeur; il moderera pour cet effet les impôts trop accablants; il délivrera ses possessions des servitudes du noble & du propriétaire opulent; il mettra la personne de l'humble cultivateur à couvert des outrages de la puissance arrogante ou de l'exacteur avide: ce n'est qu'à ces conditions que le Législateur peut se promettre de corriger les mœurs du peuple, de former des citoyens honnêtes, de bannir la mendicité, de diminuer le nombre des crimes. Il faut dompter l'injustice & la vanité des grands, pour adoucir les mœurs des petits & des malheureux. Sous un gouvernement inique il ne faut pas s'attendre à trouver de bons citoyens; on ne peut y voir que des oppresseurs altiers, & des opprimés impatients du joug qui les accable, ou totalement découragés.

Si, comme on ne peut en douter, il n'est point de l'intérêt de l'Etat que les possessions s'accumulent dans un petit nombre de familles ou d'individus, si cent citoyens actifs & industrieux sont plus utiles à la Société qu'un riche que son opulence engourdit ou rend vicieux; une légiſlation ſage ne devroit-elle pas empêcher & prévenir les réunions des grandes propriétés? Ne devroit-elle pas anéantir ces coutumes injuſtes & barbares qui, ſous prétexte de maintenir la ſplendeur d'une maiſon noble, adjugent tous les biens fonds au fils ainé, & privent ſes freres & ſœurs de l'héritage de leur pere? Ne doit-on pas porter le même jugement des *Subſtitutions*, des *Retraits féodaux*, dont le but eſt uniquement d'empêcher le démembrement des poſſeſſions d'une famile? Il importe très peu à la Société qu'une famille ou qu'un noble ait amplement dequoi faire éclater ſa vanité ou ſe corrompre; mais il eſt important pour une nation que des loix injuſtes ſoient abolies, & que pluſieurs citoyens puiſſent vivre honnêtement d'un bien qui ne ſerviroit qu'a en gâter un ſeul. (51)

On convient aſſez généralement que les richeſſes corrompent les mœurs: il faut donc en conclure que bien des gouvernemens ont un profond mépris pour les mœurs, & les regardent comme inutiles à

---

(52) Il eſt intéreſſant pour l'Etat que les terres ſoient partagées en petites métairies, qui font vivre pluſieurs familles, plutôt qu'en groſſes fermes. En Angleterre les fermes trop conſidérables font que ſouvent les fermiers deviennent des monopoleurs.

la félicité d'un pays; fur-tout en voyant les foins qu'ils fe donnent pour allumer la foif de l'or dans les cœurs des fujets, & pour tâcher de leur ouvrir chaque jour de nouveaux moyens d'augmenter la maffe de la richeffe nationale. On voit de profonds Politiques ne parler à leurs concitoyens que de nouvelles branches de commerce, d'entreprifes lucratives, de conquêtes avantageufes; ce qui prouve que ces fpéculateurs, peu fcrupuleux fur la Morale, s'imaginent que leur chere Patrie feroit très-heureufe en y faifant arriver les richeffes du monde entier. Néanmoins tout peut nous convaincre que fi les Dieux, dans leur colere, exauçoient leurs vœux infenfés, leur pays, au lieu d'être une ifle fortunée, deviendroit plutôt le féjour de la corruption, de la difcorde, de la vénalité, de la mélancolie, de (52) l'ennui, qui toujours accompagnent la licence des mœurs.

L ES Souverains commettent une très-grande faute lorfqu'ils montrent beaucoup d'eftime pour les richeffes; ils excitent dans les efprits un embrafement général qui ne pourra s'éteindre que par l'anéantiffement

---

(53) Les Anglois font le peuple le plus riche & le plus mélancolique de l'Europe. La liberté même ne peut leur infpirer de la gaieté; ils craignent de la perdre, parce que chez eux tout entre dans le commerce.

de la Société. L'avarice est une passion ignoble, personnelle, insociable, & dès-lors incompatible avec le vrai patriotisme, avec l'amour du bien public & même de la vraie liberté. Tout est à vendre chez un peuple infecté de cette épidémie sordide; il ne s'agit que de convenir du prix. Mais comme dans une nation ainsi disposée, & peu sensible à l'honneur, tout se paie argent comptant, le gouvernement n'est jamais assez riche pour acquitter les services qu'on rend à la Patrie. L'honneur, le véritable honneur, toujours inséparable de la vertu, ne se trouve qu'où la vertu réde: la liberté ne peut long-temps subsister dans des ames avilies; elle ne peut être sentie & défendue que par des ames nobles & désintéressées.

Le Commerce, fournissant aux citoyens des moyens de se débarrasser de leurs productions, mérite l'attention de tout gouvernement occupé du bonheur de ses sujets: les meilleures loix que le Législateur puisse donner sur cet objet consistent à le protéger & lui donner la liberté la plus grande. Mais si le gouvernement éclairé doit sa protection & sa faveur au Commerce vraiment utile, à celui qui met la nation à portée d'échanger ses denrées superflues contre les choses nécessaires qu'elle est obligée de tirer des étrangers;

ce même gouvernement n'ira pas sacrifier les intérêts du Commerce utile à ceux d'un Commerce inutile & dangereux, qui ne s'occuperoit que des objets frivoles du luxe & de la vanité: ils ne font propres qu'à corrompre les nations. Le Commerçant utile eft un homme précieux à fon pays, & mérite d'être encouragé par le gouvernement; le commerçant & l'artifan des marchandifes de luxe font des empoifonneurs publics, dont les denrées féduifantes portent par-tout la contagion & la folie. On peut les comparer à ces navigateurs qui, voulant dompter fans peine des nations fauvages, portent aux hommes des armes, des couteaux, de l'eau de vie, & aux femmes des colliers, des miroirs, des jouets de nulle valeur.

En un mot, pour fixer les idées nous appellerons *Commerce utile* celui qui procure aux nations des objets néceffaires à leur fubfiftance, à leurs premiers befoins, & même à leur commodité & à leur agrément: nous appellerons *Commerce de luxe,* ou *Commerce inutile & dangereux,* celui qui ne préfente aux citoyens que des chofes dont ils n'ont aucun befoin réel, & qui ne font propres qu'à fatisfaire les befoins imaginaires de leur vanité. Le Légiflateur feroit très imprudent s'il favorifoit une paffion fatale que s'il ne peut réprimer ou punir, il ne doit au moins jamais encourager.

Le châtiment le plus doux qu'un Souverain devroit infliger au Luxe feroit de le charger d'impôts, & de témoigner pour lui le mépris le plus marqué. Les impôts mis fur le luxe feroient très-juftes, vu qu'ils ne pourroient tomber que fur les riches, & qu'ils épargneroient les indigents. Les riches eux-mêmes ne pourroient pas s'en plaindre, parce que les objets de luxe n'étant pas d'une néceffité abfolue, ils feroient les maîtres de les fupprimer pour fe fouftraire à la taxe. Des impôts très-forts fur les Palais fomptueux, fur les Jardins, fur des Parcs immenfes, fur des équipages, fur tant de valets que l'oftentation arrache à la culture, fur des chevaux fans nombre, &c. ne pourroient manquer de produire à l'État des revenus d'autant plus confidérables, que la vanité, mere du luxe, eft une paffion opiniâtre, & qui finiroit peut-être par faire imaginer qu'une taxe forte, annonçant l'opulence, doit attirer la confidéreration du public à celui qui s'en trouve chargé.

Mais dans les nations infectées par le luxe, les médecins, faits pour guérir ce mal, en font plus atteints que les autres; ils le regardent comme un *mal facré*, auquel il n'eft pas permis de toucher; ils aimeront mieux faire vendre le grabat d'un laboureur hors d'état de satisfaire un exacteur, que d'obliger un curieux à payer pour un tableau, ou une courtisanne pour les bijoux & pierreries qu'elle a tirés de ses amants. Le luxe a tellement fasciné les habitants de quelques contrées, que les besoins les plus réels sont forcés de céder aux besoins de la vanité. Tel homme se refuse de manger, pour épargner dequoi se montrer dans un carosse ou sous un habit somptueux.

Les partisans du Luxe ne manqueront pas de nous dire, que les folles dépenses des riches font travailler le pauvre & le mettent à portée de subsister; mais on leur répondra que le vrai pauvre qu'il faudroit encourager, c'est le cultivateur: celui-ci, sans cesse accablé pour satisfaire aux demandes du gouvernement, ne tire aucun profit du luxe, qui lui enleve souvent les coopérateurs de ses travaux, devenus nécessaires pour grossir dans les villes la troupe des valets fainéants dont les riches & les grands aiment à se voir entourés. Nous dirons encore que le luxe déprave les indigents: il les rend paresseux; il leur fait naître mille besoins qu'ils ne peuvent satisfaire sans danger ou sans crime. Ceux qui ne subsistent que par la vanité ou les fantaisies d'un public en

démence, font fouvent de très-mal hon
'nêtes gens. Rien de plus déplorable que
les effets du luxe ou de la vanité bour-
geoife, quand elle vient à gagner les claffes inférieures. C'eft ce luxe qui détermine tant de marchands à faire des
banqueroutes, que la loi ne devroit pas
traiter avec la même indulgence que des
faillites occafionnées par des malheurs imprévus. C'eft la fatuité des maîtres, co-
piée par leurs domeftiques, qui remplit les
villes de tant de valets frippons. Ces mêmes valets portent la débauche, la paffion
du jeu, la vanité, jufque dans les villages
& les campagnes.. Enfin ce font les vices
enfantés par le luxe qui conduifent tant
de malheureux au gibet, & tant de jeunes filles à la proftitution.

Rien ne feroit donc plus digne de l'attention d'un bon gouvernement, que de
de réprimer la vanité progreffive des citoyens, de les contenir dans les bornes de
leur état, de les engager à vivre fuivant
leurs facultés. Pour donner en effet du
luxe une définition exacte que l'on a fi
longtemps cherchée, il femble qu'on pourroit
dire que c'eft *une vanité jaloufe, qui fait
que les hommes à l'envi s'efforcent de s'imiter,
de s'égaler, ou même de fe furpaffer les uns les
autres par des dépenfes inutiles, qui excedent
leur état ou leurs facultés.* Cette définition
paroîtroit

paroîtroit pouvoir convenir au luxe fous quelque point de vue qu'on l'envifageât. Un Souverain qui, par une vaine oftentation, ruine fon Etat pour élever des Palais, pour fe faire une cour plus brillante, pour entretenir des armées plus nombreufes que fes revenus ne le comportent, annonce un luxe plus ordinaire, mais plus blâmable fans doute par fes conféquences, qu'un homme du peuple qui fe montreroit dans les rues couvert d'habits dans lefquels on verroit l'or fe mêler à la foie; avec cette différence pourtant que ce dernier n'eft que ridicule, parce que nos yeux n'y font pas accoutumés, tandis que la folie plus commune du premier le rend évidemment coupable de diffiper en dépenfes frivoles des fommes qu'il devroit employer à des objets utiles & néceffaires au bien-être de fes fujets.

Le luxe des Souverains eft pour une nation le plus grand des malheurs. Les loix fondamentales de tout gouvernement équitable devroient à cet égard contenir la vanité trop commune à ceux qui font deftinés par état à mettre un frein aux paffions des autres. La Monarchie fut de tout temps regardée comme le gouvernement le plus propre à faire naître & à propager le luxe. Ceux que leurs fonctions approchent du Monarque s'efforcent de l'imiter; communément ils prétendent que c'eſt pour lui faire honneur ou pour lui plaire, tandis que réellement ils ſe ruinent dans la vue de ſe diſtinguer du vulgaire, avec qui leur vanité ſouffriroit de les voir confondus. Les riches, quoique d'un rang inférieur, veulent copier les courtiſans & les grands, parce que ceux-ci jouiſſent d'un pouvoir qui toujours en impoſe. Enfin les citoyens des claſſes moins élevées imitent autant qu'ils peuvent ceux des claſſes ſupérieures, afin de jouir pendant quelques inſtants du plaiſir paſſager d'être confondus avec leurs ſupérieurs, ou du moins pour ſe ſouſtraire au mépris & aux outrages auxquels l'indigence eſt ſouvent expoſée. Le luxe pénetre plus lentement dans les Républiques, parce que l'homme du peuple y craint moins ſes ſupérieurs, qui d'ailleurs ne ſont pas livrés au faſte qu'on voit régner dans les cours des Rois.

Dans des nations opulentes la richeſſe ſeule eſt honorable, la pauvreté devient un vice, & l'indigence eſt rebutée par l'opulence toujours altiere. Sous le deſpotiſme, toujours vain & ſuperbe, la pauvreté, la foibleſſe, ſont communément écraſées. Si des gouvernements plus équi-

tables & plus humains rendoient les grands
& les riches plus juftes, plus affables,
moins dédaigneux pour leurs inférieurs,
il y a lieu de croire que ceux-ci feroient
moins preffés de fortir de leur fphere :
alors chaque citoyen, plus content de fon
état, ne chercheroit pas à faire illufion
aux autres par des airs de fatuité, dont
l'objet eft communément de chercher à
perfuader qu'on poffede des avantages
qu'on n'a pas réellement.

C'est encore l'arrogance infultante des
grands, qui, plus ou moins bien imitée
par les petits, eft la fource primitive des
ridicules & des travers nationaux, que
l'on remarque chez la plupart des habitants de certaines contrées. C'eft vifiblement de la cour que font émanés ces
airs d'importance, ces manieres affectées,
cette fuffifance dédaigneufe, cette fatuité
que copie fi gauchement l'homme du commun, en un mot, toutes les impertinen-
ces qui rendent quelquefois un peuple entier méprifable aux yeux des étrangers :
dans une nation infectée de cette vanité
épidémique un homme fenfé ne croit voir
qu'une troupe de pantomimes, de baladins, de comédiens. Perfonne ne veut
être foi ; chacun jufqu'aux valets, tâche
par fes airs & fes manieres de paffer pour

un homme de conféquence. Il eft bien difficile de trouver une tête folide, un caracter
eftimable dans un fat, dans un petit-maî-
tre, dans un important dont le cerveau
n'eft rempli que de vent & de bagatelles.

Le luxe eft une forte d'impofture, par
laquelle les hommes font convenus de fe
tromper les uns les autres, & parviennent
fouvent à fe tromper eux-mêmes. Un
fat finit quelquefois par fe croire un homme d'importance. Une courtifanne, par
fon luxe, veut être prife en public pour
une femme de qualité, dont fouvent elle
a chez elle le ton & les manieres. Plus
un état eft vil par lui-même, & plus
ceux qui s'y trouvent placés cherchent à fe
relever par des fignes extérieurs de grandeur ou d'opulence. Les grands des cours
defpotiques d'Afie fe diftinguent par une
magnificence & par un luxe effréné; esclaves avilis & rampants dans la préfence
d'un Sultan orgueilleux, ils tâchent de
paroître quelque chofe aux yeux de la populace étonnée. La puiffance réelle, la
vraie grandeur, n'ont nul befoin des fecours du fafte pour fe faire refpecter. Un
bon Prince rougiroit de devoir au vain
attirail du luxe la vénération qu'il mérite
par lui-même. L'oftentation, l'étiquette,
la magnificence, ce que les courtifans ap-

pellent la *splendeur du trône*, ne font faites le plus fouvent que pour cacher aux
yeux des peuples la petitefle & la fottife
de ceux qui les gouvernent. Rien n'eſt
plus déplacé que la vanité dans un puiſ-
fant Monarque: cette paſſion puérile coûte
pour l'ordinaire bien des larmes à ſes ſujets, obligés de travailler ſans relâche,
ſans jamais pouvoir la ſatisfaire. Le ſoulagement des peuples conſtitue la ſplendeur des grands Rois.

ON a reconnu dans tous les ſiecles
les dangers du Luxe répandu dans les claſſes inférieures du peuple; on a fait de
vains efforts pour le réprimer par des
Loix ſomptuaires : mais des légiſlateurs,
aveuglés eux-mêmes par la vanité qu'on
reſpire dans les cours, n'ont pas vu que
c'étoit pour imiter les grands que les
petits ſe livroient à mille dépenſes ridicules: ils n'ont pas vu que c'étoit par le
Souverain & ſa cour que, pour être efficace, la réforme des mœurs auroit dû
commencer : enfin ils n'ont pas vu que
des loix ſomptuaires, faites pour les citoyens d'un rang inférieur, ne pouvoient
que les avilir de plus en plus, en donnant aux grands encore plus de vanité.
Il ne faut donc pas s'étonner ſi les loix
ſomptuaires ont été preſque toujours auſ-

fitôt violées ou éludées que publiées. (54)

LUTTER contre le luxe introduit chez un peuple, c'eſt combattre une paſſion inhérente à la nature humaine. Chaque homme veut, autant qu'il peut, imiter, égaler ou ſurpaſſer ſes ſemblables, & ſur-tout copier ceux qu'il croit ou plus heureux ou plus puiſſants que lui; il ſouffre toutes les

(54) Louis XIII. publia ou renouvella des loix contre le luxe en 1613, 1617 & 1620, qui toutes demeurerent ſans effet. *Voyez* RECUEIL K. ,, Les Princes ne devroient paroître que par leurs ,, vertus, ſans chercher à briller par de vains ornements; ils ſont ,, aſſez connus & reſpectés par leur rang & par leur autorité, ſans ,, deſirer d'être vus brillants par des pierreries..... C'eſt la coutume ,, en France que le Gentil-homme veut faire le Prince; & s'il voit ,, que ſon maître ſe pare de pierreries, il en veut avoir auſſi, ,, dût-il vendre ſa terre, ſes prés, ou s'engager chez le marchand..... Ce ne ſeroit point un mal que les Rois & les Princes brillaſſent par l'éclat des pierreries, & cela ſeroit bon ſi ,, les petits compagnons ne vouloient les imiter dans cette dépenſe, laquelle il faudroit défendre très expreſſément." *Voyez* RÉCUEIL G. PAGE 156. Sous le regne de Louis XIII. un magiſtrat diſoit, que ,, les loix ſomptuaires contiennent les hommes dans une vie réglée, mâle, vertueuſe..... Que ſert la ,, naiſſance à la guerre, la prudence dans les conſeils, la juſtice ,, dans les jugements, ſi la tempérance ne contient les ſujets, ,, dans la vie privée, dans les bornes d'une juſte modération..... ,, Chez les Romains les loix ſomptuaires étoient à tout moment ,, enfreintes & renouvellées; & l'exemple nous apprend que les ,, Edits prohibitifs du clinquant, & des étoffes d'or & d'argent, ,, ne trouvent pas d'obéiſſance parmi les François." *Voyez* RECUEIL K. P. 153.

fois qu'il y faut renoncer. Dans une Monarchie faftueufe le luxe finira par fe déceler, plus ou moins, jufque dans les dernieres claffes de la Société.

La meilleure des Loix fomptuaires feroit l'exemple d'un Prince ennemi du luxe & du fafte, ami de la fimplicité. Cet exemple feroit bientôt fuivi par les grands de fa cour, toujours prêts à recevoir les impreffions de leur maître. Dès-lors la modeftie deviendroit le figne de la grandeur, du crédit, de la puiffance. Pour s'affimiler à leurs fupérieurs, les autres citoyens adopteroient fans peine une *mode* peu couteufe, & qui cefferoit de leur rappeller leur infériorité.

Bien plus, il réfulteroit de cette conduite des avantages ineftimables pour les Grands & les Nobles, qu'un luxe habituel dévore, dont les affaires fe dérangent perpétuellement à la cour, qui ne peuvent y paroître fans fe croire obligés d'y repréfenter. De fon côté le Monarque ne fe verroit pas forcé de fe ruiner lui-même, ou plutôt d'écrafer fon peuple pour fournir aux demandes d'une foule de courtifans obérés, qu'une fage œconomie mettroit dans l'abondance. (55) Les femmes

(55) Louis XIV, en quittant fa Capitale pour réfider à Verfailles, n'a pas vu qu'il doubloit la dépenfe de fes courtifans, obli-

même, communément si touchées des vains jouets du luxe, prendroient du goût pour la simplicité, aussitôt qu'elle deviendroit la mode de la cour, une marque de grandeur, un moyen de mériter les regards favorables du Prince, dont on se croiroit obligé de prendre les manieres & le ton.

C'est ainsi que, par le secours de la vanité même, on parviendroit à guérir les plaies que la vanité du luxe fait à tant de nations. C'est le faste des Souverains qui force leurs sujets de se ruiner à leur exemple.

Le luxe de *représentation*, qui consiste à se faire suivre incessamment de tout l'appareil du faste, & qui trop souvent devient pour la vanité des gens en place le plus grand des besoins, est une source de ruine pour eux & pour les autres. En quittant la cour du Prince l'homme en place va porter son luxe dans la province, qui bientôt s'en trouve infectée; il dérange ses propres affaires & détruit celles des autres. Le gouvernement le plus prodigue ne peut pas subvenir au faste que la vanité des grands croit nécessaire à leur rang ou à leur dignité.

gés de multiplier leurs valets, leurs chevaux, leurs équipages, afin d'aller lui faire la cour. Les fréquents voyages des Princes sont ruineux pour leurs sujets.

Mais un gouvernement sage devroit prendre des voies plus directes encore pour réprimer le luxe insolent & scandaleux, que viennent étaler en public des femmes consacrées à la débauche. Une Police sévere devroit punir le vice lorsqu'il ose s'élever des trophées aux yeux des nations. Si le gouvernement ne peut empêcher le désordre caché, il doit du moins l'empêcher de se montrer avec un éclat propre à irriter la vertu & à corrompre l'innocence. De quels yeux des femmes honnêtes, des épouses vertueuses, des filles innocentes, doiven-t-elles voir le sort brillant que la débauche procure à des prostituées, que leurs amants ont la folie de transformer en Déesses?

Les apologistes du Luxe nous diront que sa suppression à la cour & dans les villes produiroit une diminution considérable dans les revenus de l'Etat, empêcheroit une nation renommée par son goût & ses modes de mettre les autres peuples à contribution, enfin rendroit inutile une multitude d'hommes qui tirent leur subsistance de la vanité de leurs concitoyens.

Un Satyrique célebre de l'antiquité faisoit dire aux hommes avides de son temps, que *l'argent devoit être le premier objet des recherches; que la vertu viendroit après l'argent.* (56) C'eſt le langage que ſemblent tenir à leurs ſujets bien des gouvernements qui paſſent pour éclairés; c'eſt celui d'un grand nombre de ſpéculateurs qui, ſéduits par les avantages frivoles que le luxe procure, ne voient pas le cortege des maux qu'il entraîne à ſa ſuite. Nous leur répondrons donc qu'un Etat bien organiſé, réglé par une ſage œconomie, par des citoyens honnêtes & modérés, n'a pas beſoin de la maſſe énorme de richeſſes qui devient néceſſaire pour mettre en action les avides ſujets d'une nation corrompue par le luxe, où les revenus que l'Etat tire avec violence de vingt villages ſuffiſent à peine pour payer à ſon gré les prétendus ſervices, ou plutôt la négligence & l'impéritie d'un Courtiſan ou d'un Grand. Un Gouvernement corrompu n'eſt jamais aſſez riche; mais un Gouvernement honnête eſt ſervi par d'honnêtes citoyens, ſur les cœurs desquels l'amour de la Patrie, le deſir de la vraie gloire, agiſſent plus fortement que l'argent. C'eſt inſulter la vertu que de la payer: ainſi, l'on ne peut trop le répéter, les bonnes mœurs ſont plus uti-

---

(56) *O Cives! Cives! quærenda pecunia primum;*
Virtus poſt nummos. HORACE.

les aux nations que les richeſſes. Une trop grande opulence pervertit les peuples comme les individus : c'eſt dans la médiocrité que ſe trouve le plus communément la tranquillité, le vrai bonheur.

L'expérience de tous les temps nous prouve que les peuples les plus riches ne ſont rien moins que les peuples les plus fortunés : leur opulence les rend communément ambitieux, arrogants ; ils veulent pour l'ordinaire preſcrire des loix aux autres : leur inſolence leur attire des ennemis nombreux ; vous les voyez perpétuellement en guerre : les revenus ordinaires de l'Etat ne pouvant ſuffire aux entrepriſes téméraires d'un Gouvernement altier, il redouble les impôts, il contracte des dettes, que ſon crédit funeſte lui permet d'accumuler : la nation gémit alors ſous des taxes multipliées ; ſemblable à ces riches obérés & mal-aiſés, elle ne peut jamais arranger ſes affaires ; elle eſt pauvre, quoique remplie de citoyens opulents ; mais ces mauvais citoyens, enrichis aux dépens de leur pays, ſe livrent au vice, au luxe, à la pareſſe ; plongés dans la débauche, & tout occupés de leurs plaiſirs, ils ne s'embarraſſent ni du ſort de la Patrie ni du bien-être de leurs concitoyens.

UNE nation heureuse est celle qui renferme un grand nombre de bons citoyens. Les bons Princes font de bonnes loix ; & ces loix font les bons sujets. Le bon citoyen est celui qui est utile à son pays, dans quelque classe qu'il se trouve placé : le pauvre remplit sa tâche sociale par un travail honnête, ou dont il résulte un bien solide & réel pour ses concitoyens : le riche remplit sa tâche lorsqu'il aide le pauvre à remplir la sienne ; c'est en secourant l'indigence active & laborieuse, c'est en payant ses travaux, c'est en lui facilitant les moyens de subsister, en un mot, c'est par sa bienfaisance que le riche peut acquitter ses dettes envers la Société. C'est donc en détournant l'esprit des citoyens riches des fantaisies insensées & nuisibles du luxe & de la vanité, pour le porter vers la bienfaisance utile à la Patrie, que le Législateur établira chez lui l'harmonie sociale, sans laquelle il ne peut y avoir de félicité pour personne.

L'AMBITION devient communément la passion de celui que ses richesses dispensent de songer à sa subsistance ; le Législateur peut donc se servir avec avantage du desir que le riche a de s'élever de plus en plus, d'être distingué de la foule des citoyens, pour tourner ses vues du côté de l'utilité générale. L'homme opulent qui fe rendroit utile à fa patrie par des travaux publics, par des défrichements confidérables, par des deffechements qui augmenteroient la culture & la falubrité, par des canaux qui faciliteroient le commerce intérieur & les arrofements des terres, n'auroit-il pas des droits fondés à la reconnoiffance publique ? Un grand, un riche, qui dans leurs domaines doteroient l'indigence pour favorifer la population, établiroient des manufactures capables d'occuper les pauvres, banniroient le défœuvrement & la mendicité, ne mériteroient-ils pas des diftinctions, des honneurs, des récompenfes à plus jufte titre que tant de nobles ou de grands qui abforbent toutes les faveurs du Prince, pour avoir affidûment végété, intrigué, cabalé dans une cour, ou pour s'être ruinés par un fafte nuifible pour eux-mêmes & pour les autres. (57)

Si une éducation plus fociable apprenoit aux riches, aux nobles, à être citoyens, fi les préjugés inhumains de la

____

(57) Les mahométans riches regardent comme des actions méritoires de bâtir des hofpices, nommés *Karavan-féraï*, pour les voyageurs, ainfi que de faire conftruire des fontaines. Il eft rare qu'ils les quittent, après s'être raffraichis & defaltérés, fans bénir la mémoire de ceux qui ont érigé ces monuments de bienfaifance.

grandeur ne lui faifoient pas croire que les peuples font des efclaves deftinés à repaître fa vanité, fi un orgueil infenfé n'étouffoit pas d'ordinaire dans les cœurs des hommes les plus opulents & les plus diftingués d'un Etat tout fentiment de pitié, de reconnoiffance, d'affection fociale ; ne devroient-ils pas être plus flattés d'exercer fur leurs inférieurs l'empire fi doux de la bonté qui fait aimer, que l'empire tyrannique de l'injuftice & de la vanité qui fait toujours détefter ? Les hommes qui paffent pour les heureux de la terre ne devroient-ils pas être plus touchés du plaifir folide & pur de répandre le bonheur autour d'eux, que des plaifirs frivoles, mêlés d'amertume & d'ennui, que l'on éprouve dans des villes bruyantes, dans des feftins fomptueux, dans des cours corrompues qui ne raffemblent que des envieux, des ennemis, & d'où la gaieté véritable eft à jamais exclue ? Les vains plaifirs du luxe, la complaifance puérile qu'excite paffagerement le fafte, la poffeffion d'un bijoux ou d'un meuble précieux, peuvent-ils être comparés aux plaifirs toujours renaiffants de la libéralité, à la complaifance intérieure que produit à tout moment le fpectacle fi doux d'hommes rendus heureux par des bienfaits ? Quel fpectacle de la ville, quelle fête brillante de la cour, a droit de plus remuer un cœur fenfible que la vue de campagnes devenues fécondes, de cultivateurs rendus à leurs jeux innocents, de la nature entiere transformée par fes foins? La vie eft remplie des joies les plus pures, lorfqu'on connoît le plaifir de faire du bien.

Voilà les fentiments que l'éducation devroit infpirer à la nobleffe, ainfi qu'à l'opulence; la Légiflation devroit les fortifier, le Souverain les récompenfer. La Morale, toujours en état de prouver à tout citoyen que fon intérêt fe trouve lié avec celui de fes affociés, convaincra les riches que faire du bien c'eft placer utilement fon argent, c'eft fe procurer du profit, de l'honneur & de la gloire : la bonté ne peut dégrader aucun mortel. Sous l'autorité d'un bon gouvernement, dont il fecondera les vues, le Noble vertueux peut regner lui-même dans fes terres ; il préférera cet empire au plaifir infenfé de faire éprouver à fes vaffaux un pouvoir tyrannique, une morgue infupportable, de mauvais traitements qui ne lui attireroient que de la haine. C'eft ordinairement par leur faute que les puiffants de la terre font déteftés de leurs inférieurs; les injuftices des grands produifent & nourriffent les méchancetés des petits. (58) En liant les mains des riches, si souvent prêtes à nuire, le Légiflateur rétabliroit promptement un équilibre néceffaire pour faire fleurir les mœurs, & pour rendre fes Etats opulents & fortunés.

DANS tout gouvernement bien ordonné l'agriculture, les manufactures, le commerce, doivent s'attirer les foins attentifs de l'adminiftration, jouir de fa protection conftante, s'exercer avec liberté. Voilà les fources légitimes de la richeffe de l'Etat & de celle du citoyen. Le fol eft la bafe de la félicité nationale; c'eft le fol qui doit fournir à tout un peuple fa fubfiftance, fes befoins, fes agréments & fes plaifirs. Affez d'écrivains zélés & vertueux ont prouvé, par des ouvrages multipliés, l'attention que le gouvernement doit donner à l'Agriculture, de laquelle, comme d'un tronc, partent toutes les branches & les rameaux de l'œconomie politique (59). On ne peut rien ajouter

(58) Quel attachement peuvent avoir pour leur Seigneur des payfans qui voient qu'il leur préfere des cerfs, des fangliers, des lievres & des lapins? Le droit de chaffe, indépendamment des vexations auxquelles il donne lieu, eft un fléau annuel & permanent pour l'agriculture & pour l'œconomie ruftique.

(59) Toute l'Europe connoît les ouvrages fans nombre publiés depuis plufieurs années en France par une Société de bons citoyens connus fous le nom d'*Oeconomiftes*, dont l'affociation utile eft due au zele patriotique de feu M. Quefnai Médecin du Roi,

ajouter aux vues utiles que l'amour du bien public leur a dictées. Dans un ouvrage qui n'a que la Morale pour but, il suffira de répéter qu'elle est toujours d'accord avec la saine Politique.

Les Dieux, dit Hésiode, *ont donné le travail pour gardien à la vertu*: il conserve les mœurs du peuple, & prévient chez lui le désordre & le crime. C'est au désœuvrement de tant de malheureux que les nations sont redevables de la mendicité, devenue pour elles un fléau que les gouvernements ne peuvent écarter sans la plus grande peine. Dans un Etat bien réglé tout homme jouissant de ses membres doit trouver à subsister par le travail; la loi doit y contraindre celui qui refuse d'être bon à quelque chose. Comment des pays remplis de terreins incultes & déserts ne fourniroient-ils pas un exercice à tant de bras que l'on voit sans activité? tant de propriétaires négligents, qui n'obtiennent pas de leurs terres la moitié des revenus qu'ils pourroient en tirer, n'auroient-ils pas d'amples moyens d'occuper avantageusement une foule de pauvres qui se plaignent de manquer d'ouvrage? Chaque ville, chaque province ou district,

Roi, & de M. le Marquis de Mirabeau auteur de l'*Ami des hommes* ?

K

ne pourroient-ils pas avoir des atteliers toujours prêts à recevoir l'indigence laborieuse ? Tant de mendiants robustes ne devroient-ils pas débarrasser les cultivateurs de ces corvées onéreuses, qui trop souvent les détournent de leurs travaux les plus pressants ? En un mot, les travaux continuels & nécessaires dans un Etat devroient servir à la subsistance de tout pauvre honnête, ainsi qu'au châtiment légitime de tout indigent que sa parelle & ses vices auroient conduit au désordre ou aux crimes.

UNE expérience journaliere suffit pour nous convaincre que les asyles multipliés que la religion ouvre aux indigents, ainsi que les charités que l'humanité compâtissante verse à tout moment dans le sein des pauvres, font des remedes insuffisants contre la mendicité. Quelques gouvernements ont cru devoir forcer les citoyens de venir au secours des malheureux; on a vu mettre quelquefois des impôts énormes sur des nations, sans parvenir à diminuer le nombre des pauvres, qui, au contraire, s'accroissoit tous les jours (60)

_____

(60) Suivant des calculs très récents la taxe des pauvres, ou l'impôt qu'on leve en Angleterre sur les possessions territoriales, monte à la somme incroyable de trois millions de livres Sterlings (70 millions de livres tournois) ; & cette somme ne suffit pas pour faire subsister & soulager la multitude de malheureux qui

La charité devient funeſte toutes les fois qu'elle encourage la pareſſe: le pauvre, quand il le peut, doit vivre de ſon travail; c'eſt quand il ne le peut pas, que la Société doit aller à ſon ſecours. Les nations policées ont un grand nombre d'hôpitaux & de refuges pour les infirmes & les malades; ces maiſons, ſouvent très-bien dotées, ſuffiroient pour tous les malades, ſi les demeures du malheureux étoient bien adminiſtrées: mais par une fatalité trop ordinaire les biens deſtinés au ſoulagement du pauvre ſont ſouvent dévorés par des riches, qui ont la baſſeſſe cruelle de lui ravir les bienfaits de ſes concitoyens charitables. Voler des riches eſt un crime, ſans doute; mais s'enrichir aux dépens de l'indigence infirme & dénuée, annonce une perverſité que les loix ne peuvent punir avec trop de rigueur.

CHARGÉ de la commiſération publique, le gouvernement doit donc s'occuper du ſoin des pauvres; il doit employer

ſe trouve dans la nation la plus riche de l'Europe. Tant il eſt vrai que les nations où ſe trouvent les plus grandes richeſſes, renferment un plus grand nombre d'infortunés que d'heureux! tant il eſt vrai que le commerce n'enrichit que peu de citoyens, & laiſſe les autres dans la miſere! tant il eſt vrai que le luxe fait bien des malheureux, ſans faire beaucoup d'heureux. *Voyez Sketches of the hiſtory of man. Tom. II. pages 45 & ſuiv.*

utilement ceux qui font fains, & pourvoir pour les impotents & les malades. Peut-être feroit-il plus avantageux que chaque village ou diftrict fût chargé du foin de fes pauvres, qui, étant mieux connus chez eux qu'ailleurs, ne feroient pas à portée de tromper le public trop crédule par des infirmités fuppofées.

SECOURIR le pauvre eft un devoir du riche. Si toute la richeffe & toute la mifere nationale étoient exactement connues, chaque citoyen opulent fauroit la portion de mifere qu'il auroit à foulager; elle feroit proportionnée à fes poffeffions ou revenus; en acquitant cette dette il ne feroit que jufte; pour être généreux & bienfaifant il faudroit qu'il eût été au-delà de cette proportion. Le gouvernement doit faire en forte que la dette du riche envers le pauvre foit acquitée.

LE négoce, la navigation, les manufactures, les armées, les mêtiers, devroient affurément fuffire pour délivrer la fociété des fainéants qui l'accablent.

NECÉSSAIRE à l'agriculture pour transporter & pour échanger fes denrées qu'elle a fait fortir de la terre, le Commerce mérite la faveur de tout bon gouvernement: mais la plus grande faveur que le Souverain puiffe lui montrer confifte à lui accorder les plus grandes facilités, à le délivrer des chaînes de la finance & des loix prohibitives ; elles ne font propres qu'à décourager le commerçant pour enrichir l'exacteur, qui n'eft utile qu'à lui-même. En montrant de l'amour pour la fimplicité, & du mépris pour les productions cheres & futiles du luxe, le Souverain pourra fans violence faire tomber peu-à-peu ces commerces d'inutilités que l'opulence extravagante fait arriver des extrêmités de la terre. Si les Princes & les grands ne donnoient pas aux citoyens l'exemple contagieux de leurs fantaifies, on n'auroit pas befoin de tant de bagatelles coûteufes qu'on va chercher dans les deux hémifpheres ; content des productions & des manufactures de fon pays, on ne s'embarafferoit pas de faire venir à grands fraix les curiofités inutiles & bizarres des climats éloignés.

Le crédit eft nécéffaire au commerce ; d'où il fuit que le Légiflateur doit en bannir la fraude & la mauvaife foi. Ainfi les loix ne doivent jamais laiffer impunies ces banqueroutes frauduleufes que quelques infames commerçants regardent comme un moyen facile de parvenir à la fortune. Des voleurs de cette efpece anéantiffent la confiance publique ; tous les peuples de la terre, loin de leur donner un afyie, font également intéressés à leurs châtimens.

Les loix, fur la plainte des parties léfées, devroient aussi flêtrir ou punir dans une juste proporrion tant de marchands, d'artisans, d'ouvriers, d'artiftes fans principes, qu'on voit fi fouvent abufer avec impudence de la fimplicité des citoyens : une juftice prompte & fommaire feroit bientôt ceffer les rapines & les fraudes de tant de petits commerçants, qui fe voient garantis par la crainte qu'infpire une procédure longue & coûteufe. Ces marchands fans honneur font tomber fur leur profeffion un vernis de mépris, dont leurs confreres plus honnêtes devroient chercher à fe défaire. Dans une nation corrompue le commerce dégénere en un tel brigandage, que tout marchand finit par paffer pour un frippon, ou par l'être réellement.

Le Gouvernement, ftipulant pour le public, doit encore veiller fur les Manufactures, empêcher qu'elles ne trompent ou ne fe détériorent ; cela nuiroit bientôt aux productions nationales, & feroit recourir à l'étranger pour des chofes que la Patrie peut fournir à fes enfants : ce n'eft pas nuire à la liberté de l'homme que de l'empêcher de mal faire. Le gouvernement peut donc empêcher le marchand &

le manufacturier de tromper ſes concitoyens & les étrangers, de peur qu'ils ne décrient l'induſtrie nationale : mais il doit prendre garde à la connivence trop fréquente qu'on voit s'établir entre le commerçant frippon & celui que l'on commet pour veiller ſur ſa conduite. Une adminiſtration prudente ne doit jamais perdre de vue ceux qu'elle charge du ſoin d'inſpecter les autres.

ENFIN le Gouvernement, qui doit toujours tendre une main ſecourable au pauvre induſtrieux qui fait des efforts pour ſortir de la miſere, ne manquera pas d'ouvrir le champ le plus libre à l'activité de tous ſes citoyens diſpoſés à travailler. Les privileges excluſifs, les *Jurandes*, les droits exigés par les communautés, &c. ſont des obſtacles oppoſés à l'induſtrie, qui empêchent l'indigent d'améliorer ſon ſort. S'il faut être riche pour avoir le droit de travailler, quelle reſſource reſterat-il aux pauvres pour ſubſiſter ?

POUR réſumer en peu de mots les principes répandus dans ce chapitre, nous dirons qu'on s'eſt propoſé d'y prouver qu'un gouvernement juſte ne doit favoriſer que les fortunes honnêtes ; qu'il ne peut ſans ſe rendre coupable permettre à quelques hommes privilégiés de s'enrichir aux dépens du public ; que les loix trop favorables aux riches font iniques; qu'elles doivent également protéger le pauvre & l'empêcher d'être opprimé. On a fait voir que le Légiflateur devoit occuper l'indigent & inviter l'opulent à favorifer fes travaux. On croit avoir démontré les dangers du luxe & les avantages ineftimables d'une fage œconomie. On a fait fentir l'importance de l'agriculture, du commerce & des manufactures, & l'on a préfenté fommairement les moyens d'en bannir la fraude. Enfin, l'on a prouvé que la félicité nationale ne pouvoit être l'effet que de l'équité du Souverain, de la bienfaifance des riches, & du travail des pauvres.

TELS font, ô vertueux Turgot! les effets que doit attendre de ta fageffe & de ta probité un grand Empire, dont un monarque équitable te confie la fortune. Non, malgré les obftacles fans nombre qui s'oppofent au bien, malgré la haine active & puiffante qui contrarie tes vues honnêtes, tu ne tromperas point l'efpoir de tes concitoyens; tu les aimeras, parce qu'ils font accoutumés à chérir, à refpecter ton nom. (61) Chargé d'épurer les

____

(61) M. Turgot, Miniftre d'Etat & Contrôleur général des Finances fous Louis XVI, eft fils d'un Magiftrat dont la mémoire eft cher. à tous les Parifiens, par un grand nombre de monuments utiles dont il orna la Capitale.

fources de la richeffe nationale , tu feras difparoître ces monftres-qui les troublent : tes bienfaifantes mains effuyeront les larmes d'un peuple trop longtemps opprimé ; tu ne lui feras verfer que celles de la reconnoiffance ; foutenu par la volonté ferme d'un maître plein de bonté , tu triompheras des complots de l'opulente iniquité ; tu feras le confolateur du citoyen & du pauvre.

CHAPITRE IX.

Des Loix morales relatives aux Savants, aux Sciences, aux Lettres & aux Arts.

Hᴇʀᴍᴇ̀s apprit les fciences & les arts à l'Egypte ; Orphée tira la Grece de la barbarie. La fonction des gens de lettres eft d'inftruire leurs concitoyens afin de les rendre plus heureux.

Oɴ ne peut douter que l'ignorance ne foit la fource des vices ou du mal moral parmi les hommes. L'ignorance eft le défaut d'expérience & de réflexion, fans lefquelles les hommes ne font que des enfants inconfidérés dans leur conduite, livrés à toutes les paffions d'une nature fans guide, incapables de faire un bon ufage des objets qui les entourent.

LES Savants font des hommes qui font des expériences, ou qui réfléchiffent pour leurs concitoyens ; ceux-ci leur doivent de la reconnoiffance lorfque leurs travaux & leurs recherches produifent des découvertes vraiment utiles. Les Gouvernemens civilifés ont reconnu les avantages de la fcience. Les Souverains équitables, communément inftruits eux-mêmes, ont favorifé les Savants, ont fenti le prix des lumieres, ont defiré qu'elles fe répandisfent dans leurs Etats ; par des honneurs & des récompenfes ils ont excité l'émulation de ceux qui pouvoient les éclairer fur les objets intéreffants pour la Societé. Les bons Princes fentiront toujours que l'ignorance n'eft bonne qu'à faire des esclaves, des barbares, des hommes dépourvus de mœurs, d'induftrie, de vertus. (62)

(62) Le Calife Almamon appelloit les gens de lettres *les maîtres de l'ame, les inftituteurs de l'efprit humain, des favoris du Ciel, nés pour être les lumieres des nations & pour diffiper les ténebres de l'ignorance, qui eft la mere de la barbarie & de la férocité.* Voyez Bibliotheque raifonnée. tome 48. page 123. Charles V, dit le Sage, difoit : *les clercs, ou la Sapience on ne peut trop honorer ; & tant que Sapience fera honorés dans ce royaume, il continuera à profpérité; mais quand déboutée y fera, il déchéra.* Voyez CHRIST. DE PISAN vie de Charles V.

Mais il faut aux mauvais Princes des
fujets de cette trempe. Les anciens Scy-
thes crevoient les yeux de leurs efclaves
pour que rien ne pût les diftraire de la
tâche qui leur étoit impofée. Telle dut
être toujours la politique des Tyrans:
aveuglés par leurs paffions, ils craignirent
les lumieres & pour eux-mêmes & pour
leurs efclaves; ils redouterent fur-tout la
Philofophie, qui raifonne & cherche la
vérité; ils eurent la morale en horreur,
parce qu'elle accufe & combat la tyrannie; fes préceptes dûrent paroître des fatyres à des hommes identifiés avec l'injuftice & la perverfité; oppreffeurs du
genre humain ils ne fouffrirent jamais que
les efprits s'occupaffent de la politique,
parce que toute difcuffion doit être défa-
vorable à une Politique abfurde, perpétuellement occupée de la deftruction des
peuples; en un mot, ils ne permirent pas
que des penfeurs méditaffent les objets
les plus importants pour la Société, parce que la tyrannie ne veut pas être troublée dans les ténebres, favorables & néceffaires à l'accompliffement de fes finis-
tres projets.

Dans des nations corrompues & mal
gouvernées les talents fe tournent vers la
frivolité: des hommes plongés dans le luxe
font ennemis de toute réflexion; leurs

eſprits, amollis comme leurs corps, ne peuvent aucunement s'appliquer; tous les objets importants paroiſſent trop graves à des enfants légers qui ne veulent qu'être amuſés en paſſant. Voilà pourquoi, chez des peuples aſſervis ſous le double joug du pouvoir arbitraire & du luxe, on trouve communément une profonde indifférence pour tout ce qui peut intéreſſer la Patrie; les objets vraiment utiles ſont trop vaſtes pour des ames comprimées & rétrécies. Ainſi l'agréable l'emporte ſur l'utile: tout Penſeur eſt regardé comme un extravagant, dont les ſpéculations paroiſſent ridicules, impraticables, déplacées : des productions futiles , des ouvrages licentieux, des épigrammes, des chanſons, des ſatyres, des fadeurs galantes ſont bien mieux accueillis que les efforts du génie, que les découvertes les plus importantes à la félicité publique, à laquelle très peu de gens daignent s'intéreſſer: (63) des hiſtoriens, des chan-

(63) La Poéſie n'eſt eſtimable que lorſqu'elle eſt philoſophique, inſtructive & morale, telle que celle qu'on trouve dans les ouvrages des Voltaire, des S. Lambert, &c. Quant aux productions futiles ou malignes dont tant de poëtes médiocres inondent la Société, on peut les renvoyer au jugement de Malherbe, qui diſoit *qu'un Poëte n'étoit pas plus utile à l'Etat qu'un bon joueur de quilles* : Les poëtes de cette trempe ſe plaignent ſans ceſſe que *la philoſophie tue le goût.* Oui, le *goût* des futilités, le *goût*

teurs, des baladins, font des hommes plus intéreffants, pour le gouvernement même, que l'homme rare qui déploie aux yeux de fes concitoyens l'immenfe tableau des connoiffances humaines; heureux encore fi des perfécutions cruelles ne paient pas des travaux qui auroient dû lui mériter les fignes les plus marqués de la reconnoiffance publique ! Tel fut ton fort fublime & profond Diderot ! ton ingrate Patrie ne s'eft fouvenue de toi que pour troubler ta courageufe entreprife ; elle t'a complétement oublié, dès qu'elle fut glorieufement terminée. O Athéniens modernes ! enfants légers & frivoles ! préfenterez-vous toujours la Cigue aux Socrates, à qui vous devriez des autels & des ftatues ? (64)

des fadeurs ennuyeufes que depuis des fiecles on répete à toutes les femmes. Un fiecle philofophique, pour goûter les poëtes, exige qu'ils foient inftruits, qu'ils difent des chofes & non des mots, qu'ils abjurent la flatterie & la frivolité pour annoncer des vérités utiles au monde.

(64) La Poftérité aura fans doute peine à croire que M. Diderot, principal éditeur de l'*Enclycopédie*, ce vafte dépôt des connoiffances humaines, à la confection duquel il a confacré la plus grande portion de fa vie, eft peut-être le feul homme de lettres en France qui n'ait pas reçu quelque marque d'attention de la part de fon pays. A la fin de fon travail utile ce grand homme eût été privé de toute récompenfe, fi l'Impératrice de Ruffie (Cathérine II) ne fe fût généreufement chargée d'acquiter la dette contractée par le genre humain. Il y a quelques années

Un gouvernement qui deſire le bonheur de ſon peuple regardera les Savants comme des coopérateurs de ſes travaux, comme des citoyens utiles, comme propres à préparer les eſprits à réeevoir le bien que le Souverain voudra faire à ſon peuple. Les préjugés ne ſont utiles qu'à ceux qui veulent tromper ou nuire. Des miniſtres vertueux ont ſouvent beſoin de l'opinion publique pour faire réuſſir leurs projets les plus ſages : la diſcuſſion peut ſervir à les décider eux-mêmes ; ils ſavent que le moindre citoyen peut ouvrir un avis important. C'eſt donc vers des objets intéreſſants qu'une adminiſtration éclairée tournera les eſprits des gens de lettres ; elle ſe fera un devoir d'encourager les talents divers ; elle les accueillera, & leur décernera les récompenſes dues au mérite & qui ſont dignes de lui. Les vrais talents ſont nobles & déſintéreſſés. De la liberté, de la gloire, une fortune bornée, rempliſſent communément tous les vœux de l'homme de génie (65)

---

qu'on fit à la cour de France une ſouſcription de 50000 livres pour payer les dettes d'un danſeur de l'opéra, qui menaçoit le public de porter ailleurs ſes ſublimes talents.

(65) Toute l'Europe a vu avec admiration le déſintéreſſement noble de M. D'alembert, qui, quoique négligé par ſa Patrie, & jouiſſant d'une fortune très bornée, a conſtamment réſiſté aux ſollicitations du Roi de Pruſſe, & s'eſt refuſé pareillement à cel-

L A Liberté eſt nécéſſaire aux lettres & aux ſciences. Vouloir des hommes de génie qui ſe portent vers des objets utiles dans des nations ſoumiſes au deſpotiſme, c'eſt vouloir que l'aigle s'éleve au haut des airs malgré la chaîne qui l'attache à ſon bloc. Dans des contrées livrées au luxe & à la tyrannie on peut rencontrer quelquefois de grands Poëtes, des Littérateurs, des Beaux-Eſprits, mais on n'y rencontrera guere des hommes occupés du bien public, des ames nobles & généreuſes, des Hiſtoriens·véridiques, des citoyens qui s'intéreſſent au·bonheur de la Patrie, des Savants propres à la ſervir utilement.

C E fut la liberté qui fit naître dans la Grece & dans Rome tant de génies ſublimes que les modernes s'efforcent envain d'imiter. Il eſt impoſſible qu'une nation s'éclaire, lorſqu'il n'eſt point permis aux eſprits de s'occuper ni de la Morale, ni du Gouvernement, ni de la Religion, c'eſt-à-dire, des objets les plus intéreſſants pour l'homme.

C'E S T donc la liberté, ſi nécéſſaire au perfectionnement de l'art de gouverner

les de l'Impératrice de Ruſſie, qui par les offres les plus ſéduiſantes vouloit l'engager à ſe charger de l'Inſtitution du Prince ſon fils. On voit que les grands hommes ne ſont pas ruineux pour un Etat; ils ſont toujours très-rares, & peu touchés des biens de la fortune. *Panem & libertatem* pourroit être leur deviſe.

les hommes, ſi utile aux nations, ſi propre à rendre les Souverains plus juſtes &
les citoyens meilleurs, qu'une adminiſtration bien intentionnée doit accorder aux
gens de lettres. Si la tyrannie veut régner
ſur des aveugles, un bon Prince veut
commander par la raiſon à des hommes
raiſonnables, capables de ſentir & de concourir à ſes vues louables & bienfaiſantes: c'eſt le propre de la vertu d'agir à
découvert.

On demandera peut-être juſqu'où doit
aller dans un Etat bien gouverné la liberté
de produire ſes penſées? Il eſt très-diffi-
cile, peut-être même impoſſible, d'en fixer les limites avec préciſion. On ne
peut pas ſe flatter que dans une ſociété
nombreuſe il ne ſe trouvera pas quelques
inſenſés; mais la folie ne mérite pas des
châtimens auſſi ſeveres que la méchanceté
ou que la corruption des mœurs. Que
les loix puniſſent la perſonne, flêtriſſent
les noms & les ouvrages des vils calomniateurs, des menteurs publics, des corrupteurs de l'innocence, de ces hommes
dangereux dont les écrits impurs laiſſent
des traces durables dans le cœur de la
jeuneſſe. (66) Mais qu'on permette à l'é-
crivain

<hr>

(66) Quintilien dit que le talent de bien dire doit être regardé
comme un mal lorſqu'il eſt poſſédé par des méchants, qu'il rend
plus

crivain de s'égarer impunément, lorsque dans son délire il n'oublie pas ce qu'il doit à la vertu, aux mœurs, à ses concitoyens.

IL est des esprits ardents sujets à s'égarer ; mais la société peut tirer des avantages des écarts-mêmes du génie : les erreurs des hommes servent à nous instruire. Les vérités réelles peuvent être combattues sans danger ; elles surnagent toujours au torrent qui, tôt ou tard, entraîne les mensonges de l'imposture & tous les vains préjugés, si contraires au bonheur des nations. *Il est*, dit Tacite, *bien plus facile d'étouffer les esprits & les études, que de les ranimer lorsqu'ils sont tombés dans la langueur.* (67)

SI des écrits pernicieux aux bonnes mœurs, si des libelles diffamatoires méritent l'animadversion des loix, elles ne doivent point montrer la même rigueur aux ouvrages qui présentent des paradoxes, des systêmes abstraits, des opinions hazar-

plus méchants encore : *Facultas dicendi, si in malos incidit, & ipsa judicanda est malum ; pejores enim quibus contingit.* QUINTIL. Institut. Lib. XII.

(67) *Ingenia studiaque oppresseris facillus, quam revocaveris ; subit quippe etiam ipsius inertiæ dulcedo, & invisa primo desidia postremo amatur.*

TACIT. in *Vitâ Agricolæ. c. 4.*

dées & téméraires fur des matieres au-
deffus de la portée du commun des citoyens. Que des écrits de cette nature
foient foumis au jugement ou à la critique des Savants que leur état met à portée de les apprécier: que le Théologien,
chargé de combattre les erreurs fur la
religion, avertiffe le public qu'on l'égare,
& qu'il cherche à ramener avec douceur
l'écrivain qu'il croit aveugle, & dont il
fuppofe les opinions déraifonnables: que
le Médecin juge & combatte les maximes
contraires aux principes de l'art; qu'il at-
taque avec force les affertions qu'il croit
dangereufes pour la fanté des citoyens:
enfin, chacun dans fa partie, que le Phy-
ficien, le Géometre, l'homme de Lettres,
l'Artifte, combattent avec liberté toutes
les idées qu'ils croiront fauffes. Ce n'eft
que de la difcuffion que peut fortir la
vérité toujours utile au public, & qui
doit fervir de bafe à toutes les connoiffances humaines. Punir celui qui fe trompe
eft une injuftice, dont l'effet feroit d'empêcher la vérité d'être connue, l'utile de
fe montrer, les fciences & les arts de fe
perfectionner. Il n'y a que l'impofture
qui craigne d'être difcutée; il n'y a que
la tyrannie qui redoute les lumieres; il
n'y a qu'un gouvernement fans principes

& fans vues qui puniffe l'erreur, & qui faffe de vains efforts pour gêner la liberté de la preffe.

GÊNER & perfécuter la liberté de penfer, d'écrire & d'imprimer, font des entreprifes auffi tyranniques qu'infenfées, inutiles & contraires au bien de la Société. Le defpotifme, toujours déraifonnable & dépourvu de lumieres, ne faura-t-il jamais que le cœur de l'homme s'échauffe par la contradiction, qu'indigné des injuftes chaînes dont on veut le charger il s'irrite; que le danger même ne fert qu'à exciter fon ardeur pour des entreprifes périlleufes, qui fourniffent à l'amour-propre des occafions de s'applaudir de fon courage. Voilà fans doute pourquoi l'on voit quelquefois fortir du fein des nations les plus opprimées des ouvrages plus mâles & plus vigoureux que des nations les plus libres. La tyrannie ne peut pas brifer le reffort de toutes les ames; il en eft qu'elle ne comprime que pour les faire réagir avec plus de vigueur. Rien ne peut égaler la force d'une ame honnête, quand, profondément indignée du crime & de l'oppreffion, elle croit réclamer pour la Patrie, & plaider la caufe de la vertu.

Sı le defpotifme ne peut anéantir la liberté de penfer & d'écrire, il ne réuffit guere mieux à empêcher de paroître les ouvrages qui contrarient fes vues : les écrits qui déplaifent à une adminiftration injufte font recherchés avec ardeur par des citoyens mécontents, & charmés de voir humilier la puiffance qui les fatigue. Voilà pourquoi les livres hardis, les fatyres contre les hommes injuftes & puiffants, les critiques d'un gouvernement inique & de fes opérations infenfées ou criminelles, pénetrent malgré la plus grande vigilance, & s'achetent à tout prix. Un Males-herbes, un S. Germain, un Turgot, ne craindront ni l'examen ni la critique ; la fatyre contre des Miniftres vertueux ne peut amufer que des étourdis, & réjouir les ennemis de tout bien. *Les hommes,* dit Pline, *ne fe plaignent guere des Princes dont il leur eft permis de fe plaindre.* (68)

La liberté de penfer, de parler, d'é-crire & de publier, ne peut inquiéter que des fourbes, des tyrans, des miniftres ignorants ou pervers, qui n'ont que des deffeins contraires au bien public, ou qui ne veulent point fe laiffer détromper de leurs erreurs. La préfomption & l'opi-niâtreté font le partage de l'ignorance ; la perverfité ne veut être ni apperçue ni

(68) *De nullo minus principe queruntur homines, quam de quê maxime licet.*

Voyez PLINII *Panegyric.*

corrigée. Un Gouvernement bienfaifant veut être inftruit du vœu public; il veut profiter des lumieres de tout bon citoyen; il méprife les clameurs de la méchanceté, les critiques de la ftupidité, les farcafmes de la malignité, les railleries de la fottife & de la frivolité.

TOUTE Adminiftration honnête doit donc, pour le bien de l'Etat, exciter l'activité des efprits, les détourner des objets futiles, les porter vers l'utilité. Si des defpotes remplis de vanité ont transformé les gens de lettres en flatteurs, ne les ont occupé que de minuties, ne leur ont jamais permis de s'élever à des chofes nobles & grandes; des Souverains mieux intentionnés mépriferont les talents frivoles, encourageront les connoiffances & les recherches néceffaires à la félicité des peuples. Quels avantages infinis le Gouvernement ne pourroit-il pas recueillir des efforts divers de tous les efprits fi variés d'une nation vive, fpirituelle, remplie d'activité? Si le torrent des affaires empêche les gens en place de porter l'attention convenable fur des détails immenfes, qu'ils permettent aux fpéculateurs de s'en occuper; ils auront, fans doute bientôt des amas de projets, de fyftèmes, fouvent peu raifonnés, mais parmi lefquels il pourra s'en trouver de fages, d'utiles, de praticables. Ce que nos yeux cherchent bien loin, est souvent à nos pieds. Ceux qui font taire tout le monde sont rarement éclairés, & ne sont à portée de jouir des lumieres de personne. Les étincelles réunies des esprits si variés d'un grand peuple peuvent allumer un flambeau capable d'éclairer le monde.

Tout paroît difficile, ou même impossible, dans les pays où il n'est pas permis de parler, d'examiner & d'écrire. Des Despotes imbécilles, conduits par des Vizirs ignorants ou méchants, suivent une routine stupide, & n'osent rien changer; toute innovation paroît dangereuse à des esprits trop foibles pour se dégager des entraves de l'habitude. Les changements les plus nécessaires, & dont l'utilité devroit être évidente, effraient des esprits incertains & flottants. Enfin le torrent des affaires entraîne tellement les Souverains & les Ministres les mieux intentionnés, que souvent ils n'ont pas le temps de s'occuper avec suite des objets les plus importants & des améliorations les plus utiles.

Assisté des lumieres de tout un peuple, il n'est rien qu'un Gouvernement bienveillant ne pût aisément éclaircir & pratiquer. La Législation pourroit facilement se corriger, se simplifier, devenir e plus claire & meilleure; l'Éducation, presque impossible à rectifier chez un peuple esclave & vicieux, deviendroit entre les mains d'une administration sage la pépiniere des citoyens éclairés, vertueux & capables. Animées par les récompenses du Souverain, la Physique, l'Histoire naturelle, la Chymie, la Médecine, la Botanique, dévoileroient à nos yeux tout ce qui nous intéresse dans les secrets de la nature; la Méchanique rendroit nos travaux plus faciles; l'Art nécessaire & funeste de la guerre seroit perfectionné; les Arts d'agrément, toujours appliqués à l'utilité publique, deviendroient plus intéressants, plus touchants, plus estimables.

L a Législation vigilante doit empêcher ces Arts de nuire aux mœurs des citoyens; elle doit mieux diriger le goût de tant d'Artistes, trop souvent occupés à séduire nos regards, soit par les peintures indécentes de la mythologie ancienne, soit par des représentations trop naïves de la corruption moderne. En permettant aux Artistes d'exposer en public ces indignes productions, la Police se rend évidemment coupable des désordres & des ravages qu'elles opérent dans l'esprit & dans le cœur d'une jeunesse, dont les passions sont toujours trop promptes à s'allumer.

CONCLUONS de toutes ces choses, qu'il est de l'intérêt d'un bon gouvernement de faire fleurir les sciences, les lettres, les arts. L'Etat le plus heureux & le plus considéré sera toujours celui qui renfermera le plus grand nombre de citoyens éclairés. Un coup d'œil superficiel suffit pour nous prouver que, faute de lumieres, des contrées pour lesquelles la nature sembloit avoir tout fait, ne jouissent d'aucuns avantages, ne sont pas considérées, languissent dans l'inertie & la misere, sont méprisées de leurs voisins, tributaires de leurs alliés, exposées aux insultes de tout le monde. Tel est évidemment en Europe le sort des Etats d'où le despotisme & l'intolérance ont banni la science, l'industrie, & avec elles la vertu: car on ne peut appeller vertu, une dévotion superstitieuse que chez des peuples ignorants on voit perpétuellement alliée avec la débauche, la corruption & le crime.

Si la science n'est estimable qu'à proportion qu'elle contribue à la félicité publique, elle seroit inutile si elle ne servoit à rendre les mœurs honnêtes & sociables; elle seroit méprisable & punissable si elle ne tendoit qu'à rendre les hommes insociables & méchants. Ainsi, comme tout gouvernement a le plus grand intérêt à fe fervir de la fcience & des favants pour éclairer fes fujets, il doit exciter les gens de lettres à la vertu, afin que leurs études, fe montrant dans leur conduite, puiffent rendre leurs leçons plus perfuafives & plus fortes. Les gens de lettres doivent, plus que tous les autres, être jaloux de la confidération publique, & craindre de s'avilir aux yeux de leurs concitoyens. Bien plus de perfonnes font en état de juger la conduite que les talents; le Souverain doit donc les empêcher de fe dégrader par des actions, des procédés, des querelles, auxquelles l'impreffion donne une grande publicité. Ces démêlés, enfantés communément par la petiteffe & la vanité, ne font propres qu'à faire rire l'ignorance aux dépens des talents; qu'elle devroit refpecter.

U n Gouvernement foigneux devroit donc réprimer des abus pernicieux à la réputation des gens de lettres. Peut-être le Légiflateur pourroit-il en impofer aux paffions de quelques efprits égarés, en établiffant un tribunal où l'homme de lettres feroit jugé par fes pairs, choifis parmi les perfonnes les plus eftimables de fon Etat: celles-ci feroient autorifées à juger en premiere inftance des délits, des procédés, de la conduite de leurs confreres, à leur imprimer le blâme pour les actions déshonnêtes, à les déférer aux Tribunaux civils pour les calomnies, les menfonges & les délits fur lefquels les loix ont prononcé. Il eft à croire qu'une jürifdiction établie dans ces vues pourroit remédier aux abus trop communs dans la République des Lettres, y faire ceffer les jaloufies, les cabales, les inimitiés, les petiteffes qui devroient être inconnues de ceux que leur état deftine à l'inftruction des autres, & dont le falaire doit être l'eftime du public. Son intérêt fera toujours que les qualités du cœur foient préférées aux talents les plus fublimes de l'esprit, qui deviennent une arme dangereufe entre les mains des méchants. *Il faut, dit un ancien, pardonner les écarts & les fautes au génie, mais il ne faut pas lui pardonner des attentats.* (69)

Si ce projet paroiffoit infenfé, nous dirions que la fageffe du gouvernement peut employer d'autres moyens plus efficaces pour réprimer les excès de quelques gens de lettres, & pour attirer aux autres la confidération que méritent des citoyens honnêtes, qui confacrent leurs veilles, leur fanté, & même fouvent leur vie, foit à l'utilité, foit aux plaifirs louables de leurs concitoyens.

---

(69) *Multa donanda ingeniis puto ; fed donanda vitia, non portenta funt.* SENEC. controvers. lib. V.

Pour encourager les talents, il faut qu'ils foient équitablement récompenfés. Lorfque l'autorité ou le crédit veulent décider des récompenfes deftinées aux gens de lettres, elles deviennent trop fouvent la proie des flatteurs, des charlatans, des hommes les plus dépourvus de mérite & de lumieres. Le vrai favant, occupé de fon objet, n'a pas le temps d'intriguer, de cabaler, de faire fa cour aux grands; voilà pourquoi fouvent le chemin de la fortune fe trouve fermé pour lui.

Sous une Adminiftration zélée pour le progrès des fciences, toutes les places & récompenfes deftinées aux favants & gens de lettres devroient n'être accordées qu'au *concours*, & décernées par les fuffrages des vrais juges du mérite & de la capacité de ceux qui prétendent être honorés ou récompenfés. Cette méthode préviendroit les injuftices, les cabales, les baffeffes, qui trop fouvent font préférer l'ignorance adroite ou favorifée aux talents les plus eftimables. Tout homme de lettres qui paffe fon temps à folliciter, à captiver la bienveillance des femmes ou des grands, eft communément un homme médiocre, qui n'a ni la nobleffe ni l'enthoufiafme convenables à fon mêtier.

CHAPITRE X.

De la Législation morale relative à l'Éducation.

RIEN n'est plus inutile que de donner un plan général d'éducation honnête ou morale chez des peuples soumis à des tyrans ou gouvernés par les caprices du pouvoir arbitraire. Sous un tel gouvernement quelques citoyens isolés pourront bien, près de leurs foyers domestiques, donner à leurs enfants des principes de justice, d'humanité, de bienfaisance, de vertu; mais ces principes moraux, perpétuellement opposés aux maximes de la tyrannie & d'une société corrompue, ne tarderont guere à disparoître dès que les enfants auront quitté l'aile paternelle, pour prendre leur essor dans l'air empesté du grand monde.

Si ces dangers subsistent pour ceux-mêmes que des parents vertueux ont pris soin d'élever avec attention, quels talents & quelles vertus faut-il attendre de ceux dont l'éducation a été totalement négligée par des parents vicieux & dissipés, ou totalement pervertie par des exemples domeſtiques très-oppoſés à la Morale ? Quelqu'un a dit avec raiſon, *qu'avant d'élever les enfants il feroit à propos d'élever les parents.* On pourroit ajouter, que pour que ces derniers fuſſent convenablement élevés, il faudroit que ceux qui reglent les deſtinées des hommes euſſent reçu l'éducation néceſſaire pour gouverner avec ſageſſe. C'eſt bien plus le gouvernement qui façonne ou modifie les peuples, que le climat. Quoique les individus different étrangement les uns des autres par leurs organiſations, leurs paſſions, leurs tempéraments, leurs facultés, leurs diſpoſitions naturelles, il n'en eſt pas moins certain qu'une nation reçoit toujours de ſes chefs des impulſions générales, continues, réitérées, qui décident de leurs habitudes, de leurs idées, de leurs mœurs nationales. En un mot, on ne peut élever deux individus préciſément de la même maniere; mais on peut, en maſſe, donner un caractere uniforme à tout un peuple : il ſera vil ſous le deſpotiſme ; il ſera noble & magnanime quand il jouira de la vraie liberté ; il ſera vicieux, léger, frivole, ſous des maîtres corrompus, diſſipés, indifférents au bien public ; il ſeroit juſte, humain, vertueux & poſé, s'il étoit gouverné par des Princes qui connuſſent leurs vrais intérêts & l'importance de leurs devoirs.

Toutes les fois que le deſtin accordera des Souverains vertueux à la terre, il leur ſera facile de procurer aux enfants de leurs ſujets une éducation conforme au but de toute Société. La Morale ſera la baſe de cette éducation: par des inſtructions proportionnées à chaque âge, à chaque état, elle ne ceſſera de leur répéter ce qu'eſt l'homme, quelle eſt ſa vraie nature, ce que demandent ſes intérêts véritables; en quoi conſiſte ſon vrai bonheur; ce que doit faire un être raiſonnable & ſociable pour obtenir des biens réels, qu'il ne peut ſe procurer ſans les ſecours de ſes ſemblables; que ceux-ci ne lui ſeront utiles ou ſecourables que lorsqu'il ſera juſte, ou diſposé à s'attirer par ſa conduite leur affection & leurs ſentiments favorables.

Ainsi dès ſa plus tendre enfance l'homme doit apprendre à ſe connoître lui-même; il ſaura ce qu'il doit faire ou éviter pour ſe conſerver & pour ſe maintenir dans une exiſtence heureuſe. Il découvrira peu à peu les liens qui l'uniſſent aux hommes, ce qu'il leur doit, le beſoin qu'il en a, l'impuiſſante foibleſſe où ſans leurs ſecours continuels il ſe verroit jeté. Dès-lors l'enfant, ou le jeune homme, ſe trouvera prémuni contre l'orgueil, qui cauſe tant de troubles dans la vie ſociale en faiſant méconnoître le prix des autres & sa propre petitesse ; contre la colere, qui nous met en guerre avec les autres, & ceux-ci avec nous ; contre l'avarice, qui le rendroit inutile & méprisable ; contre l'intempérance & les excès, qui l'aviliroient & ruineroient sa santé, &c. Il apprendra en même temps à chérir les vertus, qu'il regardera comme des moyens sûrs de se concilier l'amour des hommes avec lesquels il doit vivre, qui contribueront en tout temps à ses plaisirs, ainsi qu'à son bonheur durable.

L'ÉTUDE de l'Histoire confirmera par des exemples les principes moraux qu'on aura enseignés à la jeunesse. Cette Histoire, bien présentée, ne sera qu'une longue suite d'expériences & de faits, qui prouveront que la vertu seule a contribué dans tous les âges à la puissance, à la prospérité, à la gloire des nations ; que les vices ont été les causes plus ou moins promptes de leurs chûtes effrayantes. L'éleve pourra sentir que dans tous les siecles la vertu du citoyen le place au-dessus des autres, le fait chérir & respecter ; il le verra noble & grand, même dans l'indigence, la disgrace & les fers. Par les larmes qu'il versera sur le sort des Aristide, des Socrate, des Phocion, il connoîtra que la vertu ne meurt point ;

que souvent perſécutée par l'envie & la méchanceté des contemporains, elle ne ceſſe pas d'exercer ſon empire légitime ſur la poſtérité. Notre éleve voudra donc être vertueux, & devenir, s'il ſe peut, un grand homme, comme ceux dont les exemples l'auront vivement enflammé.

Une ſage inſtitution n'ira point faire admirer à la jeuneſſe les hauts faits & la gloire de ces héros fameux, de ces deſtructeurs des empires, de ces conquérants ſuperbes dont l'Hiſtoire nous a tranſmis les heureux attentats. On montrera toujours ces hommes, diviniſés par la ſottiſe, comme d'infames voleurs, comme d'illuſtres ſcélérats, baignés impudemment dans le ſang & les larmes des peuples, & dont les noms déteſtables doivent être en horreur à la poſtérité la plus reculée. L'Hiſtoire moderne ne fera que rapprocher le tableau, & fournir des preuves récentes aux vérités morales que l'Antiquité aura fait appercevoir dans des ſiecles antérieurs. On y verra que de tout temps des Princes aveugles, en foulant à leurs pieds les regles de la Morale, ont fait de leurs Etats & de la terre entiere le ſéjour du deuil, de l'affliction, de la miſere.

La Morale & l'Hiſtoire, préſentées à la jeuneſſe avec énergie & d'une façon ſenſible, l'habitueront à ſentir, à penſer,

à

à s'exprimer, à lier ſes idées avec juſ-
teſſe, à juger ſainement des choſes; elles
lui apprendront à connoître ce qui eſt
bon, aimable, digne d'eſtime, & à le distinguer de ce qui eſt vraiment honteux &
déshonnête. En un mot, la Morale, ſous
cet aſpect, renferme des leçons de la gram-
maire, de l'art de parler, de l'art de penſer & de raiſonner. Animée par des exemples, & des traits propres à remuer l'i-
magination & à ſe graver dans la mémoire,
cette Morale expérimentale attacheroit bien
plus que les préceptes arides d'une *Gram-*
maire & d'une *Syntaxe* inintelligibles même
pour des perſonnes plus mûres, mais que
la routine emploie par-tout pour le tourment de l'enfance. Cette Morale paroîtroit au jeune homme plus perſuaſive &
plus touchante que les leçons ampoulées
& ſi peu naturelles de la *Rhétorique.* Enfin cette Morale apprendroit mieux à raiſonner qu'une *Logique* hériſſée d'arguments
auſſi propres à ſoutenir le menſonge qu'à
défendre la vérité. C'eſt ſur-tout dans
la conduite de la vie qu'il importe à la
jeuneſſe d'apprendre à raiſonner: cette Logique ſert à l'homme à chaque inſtant de
ſa durée: celui qui ſait lier les effets à
leurs cauſes, qui ſait enchaîner ſes idées,
doit à coup ſûr devenir un homme de
bien, un très-bon citoyen, un bon époux,

un bon pere, un bon ami, un homme cher à la Société. Les méchants ne font jamais que de mauvais raifonneurs, qui fe donnent beaucoup de peine pour fe faire détefter.

APRÈS avoir appris à l'éleve à fe connoître, après lui avoir montré les rapports qui l'uniffent aux autres hommes, l'éducation lui fera fucceffivement parcourir les êtres répandus autour de lui, & les ufages auxquels ils peuvent être employés. La curiofité, fi propre à la jeuneffe, fuffit pour lui donner le defir de démêler une foule d'objets nouveaux. L'Hiftoire naturelle l'inftruit & le délecte par la variété des fpectacles qu'elle préfente à fes regards : il voit des rapports, des reffemblances, des points de conformité entre lui & les animaux; il leur trouve, comme à lui, la faculté de fentir; l'éducation lui défendra donc de les faire fouffrir, de peur que l'habitude d'exercer la tyrannie fur eux ne le rende un jour inhumain, infenfible envers les hommes. Pouffé par la même curiofité le difciple apprendra, même en jouant, les noms & les ufages des plantes, des minéraux, des métaux, des pierres, &c.... Pouffant alors plus loin fes connoiffances, la Géographie fera voir à fon éleve l'étendue de la demeure qu'il habite, les différents hommes qui l'occupent : il reconnoîtra qu'il doit les aimer parce qu'ils font fes freres, fes femblables, & que les rapports éloignés qui l'uniffent avec eux n'en font pas moins certains & conftituent l'humanité. Il apprendra de plus que les peuples les plus lointains, par le moyen de la navigation & du commerce, contribuent à fes plaifirs, à fa commodité, à plufieurs de fes befoins. Il voudra bientôt favoir comment l'homme parvient à franchir les mers; il trouvera que pour s'en éclaircir il faut connoître la Méchanique, l'Aftronomie, la Phyfique, &c.

En procédant de cette maniere, le jeune homme, entraîné par fa curiofité, peut acquérir toutes les fciences dont on voudra l'inftruire. C'eft ainfi que l'éducation, fans contrainte & fans larmes, peut faire fucceffivement parcourir à fes éleves le cercle des connoiffances humaines : mais elle arrêtera chacun d'eux plus particulierement fur les objets dont il s'occupera dans l'état auquel il fe deftine; elle lui fera fentir que pour mériter l'eftime & l'affection de fes femblables, pour parvenir aux honneurs ou à la fortune, il faut fe diftinguer par fes talents & fe rendre utile, quelque pofte qu'on doive un jour occuper dans la Société.

CELUI que sa naissance appelle au gouvernement de la Société apprendra donc, qu'il contracte l'obligation de faire le bonheur de tout un peuple, qui n'obéit que parce qu'il espere que son attente ne sera pas trompée. La science des Rois est d'être justes ; par conséquent ils doivent obliger ou inviter tous les citoyens à se rendre utiles les uns aux autres, & les empêcher de se nuire. Voilà ce que l'éducation doit enseigner à tous les Souverains : utiles à tous, ils doivent forcer leurs sujets à s'occuper sans cesse de leur utilité réciproque. L'Education d'un Prince ne doit pas se proposer de lui enseigner toutes les sciences nécessaires à ses sujets dans les états divers auxquels ils sont destinés ; elle ne doit lui faire connoître que ce qui, étant vraiment utile ou nuisible à son pays, doit être équitablement encouragé ou réprimé, récompensé ou puni : c'est en cela que consiste la vraie Politique, le véritable art de régner.

CELA posé, le Souverain doit veiller pour que l'Education lui prépare, dans chaque branche de l'administration, des citoyens capables de servir l'Etat avec zele comme Ministres, comme Juges, comme Guerriers, comme Prêtres, comme Négociateurs, &c. Les places éminentes font des récompenfes que, pour fon propre intérêt & fa gloire, le Prince ne doit accorder qu'aux talents, au mérite, à la vertu, c'eft-à-dire, à la capacité, à la volonté d'être utile à la Patrie dans la portion d'autorité qu'on aura droit d'exercer fur fes concitoyens. La fource la plus ordinaire des malheurs des nations c'eft que la faveur, l'intrigue, la naiffance, qui rarement fuppofent le mérite, font appeller aux places les plus éminentes des hommes fans principes, fans lumieres & fans mœurs, dont les vices & l'incapacité jettent le Prince & fes fujets dans les plus grands embarras. Les dignités & les places femblent fouvent être mifes en *lotterie*. L'Education devroit de bonne heure former aux Souverains des coopérateurs accoutumés au travail, appliqués, ambitieux de fe diftinguer, qui fous les miniftres du Prince puffent apprendre les détails de l'adminiftration. Par-là les hommes n'arriveroient au Miniftere que munis des connoiffances néceffaires pour l'exercer d'une façon avantageufe à la Patrie, & honorable tant pour le Prince que pour eux-mêmes. Des Miniftres incapables nuifent à leur pays, & font méprifer le Souverain qui leur donne fa confiance.

M 3

LES bons Princes font rares, parce qu'il n'eft point d'hommes dont l'éducation foit plus conftamment négligée; elle n'enfeigne aucuns devoirs à des êtres à qui, pour l'ordinaire, tout perfuade que leur nation eft faite pour eux, qu'ils ne doivent rien à perfonne, que régner c'eft être en droit de donner un libre cours à toutes fes paffions. Ceux qui préfident à l'éducation des rois femblent avoir adopté les maximes affreufes de Thrafimaque, à qui Platon fait dire „ que ,, le fouverain bien de la Société eft l'in- ,, térêt de celui qui commande; que l'in- ,, juftice eft toujours utile à celui qui ,, regne; que c'eft elle qui conftitue la ,, vraie Politique; que l'équité n'eft que ,, l'effet de la fottife & de la fimplicité, ,, qu'elle ne doit être le partage que du ,, foible." (70)

C'EST ainfi que l'éducation des Princes commence très fouvent par empoifonner en eux la fource de l'éducation publique. Voilà comment, dès l'âge le plus tendre, on forme des tyrans opiniâtres, uniquement occupés de leurs fantaifies, qui ne veulent auprès de leur perfonne que des hommes prêts à les fatisfaire, qui ne demandent rien à leurs

______

(70) Voyez PLATON *de la Républ.*

miniſtres que d'étendre l'autorité dont ils ont beſoin pour écraſer leurs ſujets, qui veulent que l'éducation n'accoutume les citoyens qu'à une ſoumiſſion aveugle à leurs ordres les plus déraiſonnables. Une bonne éducation ſeroit incompatible avec les vues de la tyrannie, qui veut jouir du pouvoir de s'enfouir elle-même ſous les ruines de toute la Société.

IL n'y a que les bons rois qui puiſſent former ou choiſir de bons miniſtres: par-tout où la naiſſance & la faveur conduiſent ſeules aux grandes places, par-tout où l'ignorance & la foibleſſe permettront les intrigues, par-tout où l'opulence ſuffira pour acquérir le droit d'exercer l'autorité, ceux qui pourront y prétendre n'auront beſoin ni d'éducation, ni de connoiſſances, ni de vertus. Voilà pourquoi les emplois les plus importants d'un Etat ſont remplis très ſouvent par des hommes que leur mérite perſonnel devroit en exclure, & reléguer dans les dernieres claſſes des citoyens. Que disje ! celui qui dans les claſſes inférieures, ou les plus mépriſées de la grandeur altiere, exerce avec honneur une profeſſion utile, doit occuper dans l'eſtime de ſes concitoyens une place plus diſtinguée que tant de bas Courtiſans, tant de Nobles ignorants, tant de grands fans vertus & fans talents qui dévorent la Patrie & la menent vers fa ruine.

Sous un gouvernement injufte il ne peut y avoir d'émulation; cependant elle doit être l'ame de toute éducation. Un Souverain qui donne toutes les places, toutes les récompenfes, tous les honneurs à la naiffance, à la faveur, aux richeffes, à l'intrigue, fe prive lui-même des talents du plus grand nombre de fes fujets. Une fage Politique devroit exciter dès la jeuneffe une émulation utile dans les cœurs de tous les citoyens: les récompenfes feroient alors accordées au vrai mérite; les places feroient données au concours; chacun, par fes études, s'efforceroit d'y parvenir; dès l'enfance le citoyen s'accoutumeroit à voir le but qu'il peut atteindre par fon travail dans la carriere où fon fort l'a jeté; par-là l'Etat fe rempliroit d'hommes capables de le fervir avec fuccès dans toutes les profeffions, dans les places éminentes ainfi que dans les médiocres & les petites. Alors le jeune homme, deftiné au mêtier de la guerre, fe diroit qu'avec du courage & des talents il a droit d'afpirer à tous les grades, les honneurs & les récompenfes militaires; celui qui fe deftine à la Magiftrature verroit dans le lointain les dignités auxquelles un mérite diftingué peut l'élever ; celui qui fe deftine à l'Eglife tâcheroit d'acquérir les connoiffances & les qualités qui peuvent lui faire obtenir les bienfaits dont fon état eft fufceptible ; celui qui court la carriere des lettres & des fciences de toute efpece, s'efforceroit de parvenir au but que le gouvernement lui montreroit ; l'artifan, l'ouvrier, le cultivateur, tâcheroient de fe diftinguer par une induftrie qui pourroit leur procurer les prix modiques qu'on propoferoit à leurs efforts ; enfin dans tous les états, dans toutes les claffes de la Société, une émulation noble exciteroit à la vertu, toujours fi honteufement oubliée dans la diftribution des honneurs & des récompenfes.

C'est par la même voie que le gouvernement pourroit former des inftituteurs dignes de recevoir le dépôt précieux d'une jeuneffe fur laquelle fe fondent les efpérances d'une nation. En honorant, en diftinguant les hommes deftinés à faire des citoyens éclairés & vertueux, on leur infpirera des fentimens plus généreux & plus relevés que ceux qu'on trouve communément dans les mercenaires avilis à qui l'on confie les premieres années de ceux qui parviendront

un jour aux places les plus importantes
d'un Etat. A voir l'indifférence de la
plupart des Souverains sur l'éducation publique, on auroit lieu de croire qu'ils
s'embarraffent fort peu que leurs pays
renferment de bons ou de mauvais fujets. (71)

DANS toutes les nations on éleve in-
ceffamment, avec des fraix énormes, des
Palais fomptueux, des monuments inutiles
& coûteux; & l'on ne penfe aucunement
à jeter les fondements de l'édifice social.
Des gouvernements trop militaires ne fon-
gent qu'à former des foldats; ils aban-
donnent le refte des citoyens à une éducation purement théologique & routiniere,
qui ne convient nullement à des citoyens
faits pour fervir la Patrie dans les autres
claffes de la Société. Des langues anciennes, & mortes pour les modernes,
peuvent être utiles & néceffaires à des
Théologiens, obligés, pour s'inftruire, de
pâlir fur les monuments de l'Antiquité.
Ces langues peuvent encore être utiles à
des Médecins, & contribuer aux amufe-

(71) Un reproche fi grave n'eft pas fait pour tomber fur la
fage Impératrice de Ruffie (CATHERINE II) dont le public
vient de voir les *Plans pour l'inflitution de la jeuneffe* dans fes
Etats; plans qui devroient faire rougir les Souverains de bien
des nations policées. C'eft aujourd'hui la Scythie qui donne des
exemples mémorables à tous les Princes de l'Europe.

ments & aux recherches des favants de profeffion. Mais elles pourroient être inutiles aux Jurifconfultes, aux Magiftrats, qui devroient avoir dans chaque pays une jurifprudence claire, écrite dans une langue intelligible pour tous les citoyens. (72) Enfin l'étude pénible de ces langues mortes, néceffaire à tous ceux qui ont le temps de cultiver les lettres, ne devroit pas abforber les plus belles années d'une jeuneffe deftinée à des fonctions auxquelles ces langues ne font aucunement néceffaires. En Europe l'on enfeigne les langues latine & grecque à tout jeune homme qui veut étudier; après avoir employé bien des années précieufes à ce travail inutile, peu de gens poffedent ces langues dans une certaine perfection, ou bientôt ils les oublient fi leur état ne leur permet pas de les cultiver affidument.

NE feroit-il pas plus fage d'occuper les années tendres de l'enfance d'études moins arides que celle de langues, que l'on faifiroit bien mieux dans un âge plus mûr? Eft-il une langue étrangere qu'un homme fait ne puiffe apprendre en une

---

(72) Nous avons déjà fait remarquer plus haut (chap. VI.) qu'en France la magiftrature eft le feul état qui, malgré fon importance, eft totalement privé d'une éducation préparatoire. Cependant le jeune homme qui s'y deftine eft obligé de favoir du latin pour pouvoir étudier les Loix Romaines, qui n'ont point de force en France. Ô routine imbécille!.....

année, quand il a de l'ardeur & quelques dispositions? Faut-il faire gémir l'enfance sur des mots, lorsqu'elle n'a pas encore d'idées des choses? Ne vaudroit-il pas mieux qu'un citoyen connût la langue de son pays, que les langues perdues de la Grece & de Rome?

Un Gouvernement sage pesera les avantages & les désavantages de l'éducation telle que la routine, toujours aveugle dans sa marche, la perpétue jusqu'à présent. Si l'on s'en rapportoit à ses partisans, rien ne manque à l'éducation publique; tandis que des colleges où l'on éleve la jeunesse on voit rarement sortir des hommes habiles, & bien moins encore des citoyens qui sachent vivre dans le monde. Au sortir de ses études le jeune homme le plus instruit ignore ce que c'est qu'une Nation, une Société publique, un Souverain, un Sujet, un Citoyen, un Pere de famille, un Maître; il n'a des idées d'aucun état, d'aucune profession. S'il a bien profité des leçons qu'il a reçues, il connoîtra beaucoup mieux l'histoire & les mœurs d'Athenes, de Sparte, de Rome, que celles de la ville qui l'a vu naître. En un mot, il est neuf sur les objets les plus importants pour lui.

Bien plus, le jeune Disciple, qui paroît dans le monde, n'a nulle idée de ses devoirs sociaux. La Morale inculquée

par ses maîtres est communément ascéti-
que, contemplative, plus faite pour la
solitude que pour la vie active que l'on
doit mener dans le monde. Les ministres
de la religion, chargés en tout pays de
l'éducation de la jeunesse, semblent en
effet avoir oublié qu'ils avoient à faire
de tous leurs éleves non des solitaires,
des cénobites ou des prêtres, mais que
la plupart d'entre eux étoient destinés à
devenir un jour des guerriers, des hommes d'Etat, des magistrats, des hommes
publics, des citoyens, qui, indépendamment de leurs devoirs religieux, avoient
encore à remplir tous ceux qu'exige la
vie sociale. Conséquemment, aux motifs
surnaturels que la religion présente aux
hommes pour les porter à la vertu, ces instituteurs n'auroient pas dû négliger de
joindre tous les motifs naturels, humains
& palpables, que l'expérience nous montre comme agissant plus fortement sur les
esprits que des motifs spirituels, que des
récompenses ou des craintes éloignées.
Ceux qui élevent la jeunesse paroissent
n'avoir pas assez réconnu la conformité,
ou plutôt l'identité des loix morales d'une
Divinité bienfaisante & Juste, & des loix
naturelles, humaines & sociales. Ces motifs, unis & conciliés, auroient sans doute
agi plus puissamment sur les mortels, &
les auroient rendu meilleurs.

Voila donc ce que tout Législateur devroit faire sentir aux Ministres de la religion, lorsqu'il les charge de l'éducation publique : par ce moyen la Religion, la Morale & la Politique, réunissant leurs forces diverses pour graver dans les jeunes cœurs des principes honnêtes, formeroient de bons citoyens. La Religion, comme on l'a suffisamment prouvé, ne fonde ses droits que sur sa conformité avec la saine Morale ; & la Politique ne peut être avantageuse qu'en donnant aux leçons de la Morale la sanction de l'autorité. Dès que leurs intérêts se séparent, les hommes ne savent plus à quoi s'en tenir : avec de la religion ils n'ont point la Morale nécessaire à la Société ; ou avec la Morale sociale ils n'ont point de religion ; ou enfin ceux qui gouvernent, ainsi que leurs sujets, finissent par avoir aussi peu d'égards pour la religion que pour les préceptes les plus sacrés de la Morale naturelle. Par une suite de cette mésintelligence déplorable on voit souvent le chrétien religieux, satisfait de pratiquer ou de posséder les vertus *évangéliques* & divines que sa religion lui recommande, montrer un profond mépris pour les vertus humaines & sociales ; ou bien l'on voit des incrédules mépriser les vertus religieuses, parce qu'ils les croient inutiles, ou même opposées au bien de la Société ;

enfin l'on voit très souvent le defpote &
le tyran fouler également aux pieds & les
vertus divines & les vertus humaines. Cette
divifion malheureufe porte le trouble chez
les peuples, & la confufion la plus fâcheufe dans les idées. Tout fe réunit à
prouver que la Morale eft la même pour
tous les hommes; que les mêmes vertus
fociales qui font le bon Citoyen, doivent
former & le bon Prêtre & le bon Souverain.

L'ÉDUCATION publique, ayant une
influence néceffaire fur le bien-être & le
repos des Etats, mérite donc l'attention
& la vigilance de tout bon gouvernement.
Le Souverain devroit faire de cet objet
important un département, un miniftere
qui s'en occuperoit uniquement; fa fonction feroit de veiller fur la conduite des
inftituteurs, de les contraindre de n'infpirer à la jeuneffe que des principes conformes aux intérêts de la Société. Pour
que ces principes fuffent uniformes, & non
fujets aux caprices des inftituteurs, un
des premiers foins du gouvernement devroit être de fonger à la confection d'un
Catéchifme moral ou d'un *Code focial* fimple, clair, accommodé à l'âge, à la capacité, à l'intelligence des éleves. Il eft
très-peu d'enfants à qui, à l'aide de bons
éléments, on ne pût enfeigner les pré-

ceptes de la Morale d'une maniere propre à les intéresser, & même à les amuser; des exemples, des traits d'histoire, des faits présents & journaliers, pourroient éclaircir les préceptes, & les fixer dans la mémoire.

C'est souvent par la faute des instituteurs que leurs leçons dégoûtent leurs éleves & leur deviennent inutiles. Ceux qui d'ordinaire sont chargés d'élever la jeunesse, se trouvent privés eux-mêmes d'une éducation convenable. Gonflés d'un sot orgueil, ils le montrent fréquemment par l'abus du pouvoir qu'ils exercent sur de tendres enfants, qu'on voit, baignés de larmes, recevoir en tremblant des leçons que le trouble de leur esprit ne peut manquer de rendre infructueuses. C'est l'inhumanité, la dureté, l'humeur, les caprices, les châtimens arbitraires & très souvent injustes de tant de maîtres, qui, pour le moins autant que leur incapacité, contribuent à rendre leurs enseignemens inefficaces, & même à pervertir les sentimens de leurs éleves. Le despotisme, sous quelque forme qu'il se présente, avilit l'ame ou la révolte; celui des instituteurs n'est propre à donner à leurs disciples que les sentiments abjects de la servitude, la fausseté, la fourberie, le mensonge & tous les vices

que

que la crainte infpire à des efclaves. (73)
De plus, cette tyrannie anéantit pour eux
les idées de la juftice; ils s'imaginent que
le pouvoir confifte dans la faculté de nuire
& de faire obéir à fes propres fantaifies :
d'où l'on voit qu'une éducation fervile ne
peut former que des ames baffes, ou des
hommes très infolents lorfqu'ils auront un
jour quelque autorité.

Il eft de l'intérêt des nations qu'on
leur forme des citoyens juftes & fenfibles
à l'honneur. Ainfi le Gouvernement doit
bannir de l'éducation publique tout pé-
dantifme rebutant, tout pouvoir arbitraire,
tous châtiments aviliffants. Les inftituteurs doivent fe montrer fans paffions &
fans humeur; ils doivent égayer leurs leçons, reprendre avec bonté, montrer la
raifon, corriger de fang-froid, de maniere
que les difciples reconnoiffent que l'équité
les punit pour leur propre bien. Des
châtiments infligés à la jeuneffe fans motifs connus, font inutiles, ne font que
dérouter fes idées, confondent dans fon

---

(73) Théodoric Roi des Goths ne voulut pas permettre que les
enfants de fes guerriers fréquentaffent les écoles, *parce que*, felon
lui, *il étoit impoffible qu'on ne craignît pas une épée ou une lance,
après avoir craint la férule.* Il eût été plus court de fupprimer
cette *férule*, & de tirer les Goths de leur barbarie en les envo-
yant à des écoles moins ferviles.

N

efprit les notions fi claires du jufte & de l'injufte, de la force & du droit.

Ainsi, comme dans toutes les autres parties de l'adminiftration, le Gouvernement doit protéger la foibleffe de l'enfance contre la puiffance fouvent inique de fes maîtres: il lui importe bien plus d'avoir un grand nombre de citoyens honnêtes, bons & juftes, que de laiffer inutilement tourmenter des enfants pour les rendre plus ou moins habiles. Les grands talents font rares ; les fciences ne s'acquierent qu'avec peine: mais les hommes de tous états font fufceptibles de vertus, & dès-là peuvent devenir de très-bons citoyens.

C'est principalement fur l'éducation des gens du peuple que tout Légiflateur devroit porter fes vues. En délivrant les foibles & les pauvres des infultes & des vexations des grands & des riches, les citoyens des claffes inférieures auront des ames plus hautes, s'eftimeront quelque chofe, feront fufceptibles des fentiments de l'honneur, fe négligeront moins foit pour l'intérieur, foit pour l'extérieur. (74) La partie la plus nombreufe de toute

____

(74) Les nations les p'us libres de l'Europe font auffi les plus propres dans leurs maifons & leurs habits. La liberté produit l'aifance, & celle-ci la propreté. Les Anglois & les Hollandois font d'une propreté auffi merveilleufe qu'eft la mal-propreté des Efpagnols, des Portugais, des Italiens, des Mofcovites, &c.

nation n'a point d'autre idée de Morale & de vertu, que celle que lui donnent les miniſtres de la religion : mais cette Morale religieuſe, occupée d'une autre vie, ſemble trop négliger les vertus néceſſaires à la vie préſente ; elle ne parle point à l'homme du peuple des motifs humains, naturels & ſenſibles, qui pourroient le porter au bien ; elle ne lui montre que dans le lointain des récompenſes & des châtiments dont, pour l'ordinaire, il n'eſt que foiblement touché.   Enfin l'on voit très ſouvent les gens du peuple allier l'ivrognerie, le larcin, la crapule & la débauche à la religion, qui chez lui ne conſiſte qu'en des pratiques extérieures. (75)

Il faut croire que les inſtructions des miniſtres de la religion deviendroient plus efficaces ſur le peuple, ſi aux principes & aux dogmes religieux ils vouloient joindre les principes évidents de la Morale humaine, qui prouve aux hommes de tous les états qu'ils ſont intéreſſés en

---

(75) Une proſtituée de Paris alloit tous les matins à la meſſe pour obtenir la grace d'avoir bien des galants pendant la journée. Un Juif d'Amſterdam, qui avoit volé, fut arrêté pour n'avoir pas voulu s'enfuir le jour du Sabbath. —— M. de Caylus nous apprend, dans ſes *Souvenirs*, que Me. de Monteſpan, maîtreſſe de Louis XIV, avoit grand ſoin de faire maigre les vendredis & ſamedis : ce qui prouve que les gens de qualité ne raiſonnent ſouvent pas mieux que les gens du peuple.

cette vie à être juftes, bons, honnêtes, tempérants, &c. Inculqués dès la plus tendre jeuneffe, ces principes montre-roient aux artifans, aux laboureurs, aux indigents qu'ils doivent travailler pour fubfifter honnêtement; que la pareffe les expofe au vice; que le vice conduit au crime, qui rarement peut échapper à la rigueur des loix. Ces principes leur fe-roient fentir qu'il faut chercher à bien faire, travailler avec attention, ne point tromper dans le commerce, pour aquérir une aifance que procureroit difficilement la négligence ou la fraude: ils leur prouve-roient que des paffions brutales expofent tout homme qui s'y livre aux dangers les plus marqués; que l'intempérance mene à la déraifon, à la perte des forces, à la mifere. Une Morale humaine, accommo-dée à chaque ordre des citoyens, leur indiqueroit dès l'enfance les qualités les plus convenables à leur état, les vertus auxquelles ils doivent s'habituer, les vices qu'ils doivent craindre & fuir pour leur propre avantage.

LA populace n'eft fi vicieufe & fi mé-prifable que parce que le gouvernement néglige de la faire convenablement in-ftruire. Dans un Etat bien conftitué il devroit y avoir des écoles gratuites & publiques, où l'on inftruiroit & nourriroit la jeuneſſe indigente; & les loix devroient alors contraindre les parents d'y envoyer leurs enfants, pour recevoir des leçons & du pain qu'ils ſont incapables de leur donner. *Il n'y a point*, dit Horace, *d'homme ſi farouche qu'on ne puiſſe apprivoiſer par la culture* (76).

D'un autre autre côté, les amples revenus du clergé mettront toujours un Gouvernement attentif à portée de fonder des écoles de Morale, & de bien récompenſer tous ceux qui ſous ſes yeux s'occuperont de l'inſtruction de la jeuneſſe. La Religion pourroit-elle condamner un uſage ſi noble, ſi charitable des richeſſes conſacrées à la Divinité? Eſt-il rien de plus propre à relever les miniſtres de la religion aux yeux d'un peuple heureux & vertueux, que de voir dans ces hommes bienfaiſants la ſource de la félicité publique & particuliere? La vraie charité conſiſtera toujours à faire du bien aux indigents; le véritable honneur, à ſervir utilement la Patrie, & à rendre les citoyens meilleurs.

Nous avons déjà dit en paſſant quelque choſe ſur l'éducation des femmes (chap. VII.). Nous avons fait entrevoir

(76) *Nemo adeò ferus eſt qui non miteſcere poſſit,*
   Si modo culturæ patientem commodet aurem.

l'importance dont il feroit pour un bon Gouvernement de faire donner des principes vertueux à cette portion aimable de la Société, qui doit néceffairement influer fur la félicité de tous les citoyens. Pour peu qu'on y réfléchiffe, on reconnoîtra facilement que les femmes ont, à beaucoup d'égards, befoin des mêmes principes moraux que l'éducation doit enfeigner aux hommes. Elles ont befoin de fe connoître elles-mêmes, de favoir ce qu'elles doivent aux êtres avec lefquels elles ont ou auront des rapports comme filles & comme meres, comme époufes, comme citoyennes ; elles ont befoin d'être inftruites des moyens de fe rendre heureufes dans toutes les pofitions de la vie, & d'éviter une conduite oppofée à leur bien-être durable. De cette éducation dépend vifiblement le repos des familles particulieres, dont l'affemblage forme la grande famille ou la Société nationale.

D'où il fuit que l'éducation des femmes devroit, ainfi que celle des hommes, leur montrer les avantages qui peuvent réfulter pour elles de la pratique des vertus fociales. La juftice leur apprendra qu'elles n'auront aucuns droits à l'affection des autres, fi elles ne leur témoignent les difpofitions qu'elles veulent trouver en eux. Leur cœur fenfible doit facilement s'ouvrir aux fentiments fi doux de l'humanité, de la bienfaifance, de la pitié, de l'amour conjugal, de la tendreffe maternelle, de l'amitié. Cette fenfibilité, éclairée par la juftice, ne fera pas alors perpétuellement égarée, & ne fe portera plus fur des objets peu faits pour la mériter.

On remarque que pour l'ordinaire les femmes fentent très-vivement, mais raifonnent fort peu. Ce défaut en elles vient de ce que l'éducation ne les habitue point à réfléchir, ne donne pas des idées de juftice propres à modérer les fantaifies, les faillies fubites de leur imagination, leurs caprices inconftants. Faute de leur apprendre à raifonner, de les accoutumer à penfer, à pefer les fuites de leurs actions, les femmes, fouvent injuftes dans leurs volontés, demeurent des enfants gâtés, des defpotes quelquefois très incommodes dans la Société.

En effet l'éducation des femmes peche par les mêmes côtés que celle de la plupart des Princes : on ne leur remplit la tête que de vanité ; on leur dit qu'elles font faites pour régner, pour recevoir fans retour les hommages des adorateurs que leur fexe, leurs charmes ou leurs artifices doivent leur procurer. Delà réfultent tous les défauts que l'on reproche aux jolies femmes. On ne les occupe que de leur figure, de parures, des moyens de faire valoir les agréments extérieurs de leur perſonne, ou d'en cacher les défauts, des ſtratagêmes qu'elles doivent employer pour faire des conquêtes & pour groſſir la foule de leurs eſclaves. L'éducation que l'on donne aux filles diſtinguées par le rang ou par l'opulence tend à n'en faire que des coquettes ou des tyrans qui, en voulant exercer leur empire, finiſſent, comme les deſpotes, par devenir les eſclaves & les dupes de quelque indigne favori : celui-ci porte le trouble dans la famille, & dégrade aux yeux du Public la maîtreſſe dont il ſembloit porter les fers.

Lᴀ danſe, la muſique, l'art de ſe montrer à ſon avantage, de ſéduire, c'eſt à quoi ſe borne l'éducation que l'on donne par-tout aux perſonnes du ſexe deſtinées à paroître dans le monde : d'ailleurs, quand elles n'ont pas reçu de la nature un heureux caractere, elles n'y portent que des vices, des caprices & du déſordre. Celles qui ſe ſentent pourvues de charmes, aſſurées de leur pouvoir, font communément éprouver à tous ceux qui les approchent leur hauteur & leurs dédains ; les moins avantagées du côté de la figure font éclater leur envie, leur mau-

vaife humeur & leurs chagrins. Eprifes,
prefque toutes des mêmes frivolités, il
s'établit entre les femmes une rivalité
continuelle, qui fait que rarement elles
s'eftiment & s'aiment réciproquement avec
quelque durée : leur attachement n'eft
communément fondé que fur le befoin
du plaifir, fur des amufements néceffaires
pour des êtres continuellement défœuvrés , incapables de s'occuper , plongés
dans l'ennui qui toujours accompagne l'oifiveté & le vuide de l'efprit.

L'ÉDUCATION des femmes de tous
états devroit les habituer de bonne heure
à l'amour du travail, néceffaire dans toutes les pofitions de la vie , foit pour
échapper à l'ennui qui les entraîne fouvent au défordre & à la ruine, foit pour
acquérir une fubfiftance honnête , qui
garantit du vice & du crime.

QUANT aux perfonnes du Sexe favo-
rifées de la fortune, l'éducation doit leur
apprendre à 'en ufer avec une fage œconomie, qui les fera confidérer de leurs
époux, & les rendra cheres à leurs familles ; tandis que leurs extravagances ,
leurs diffipations & leur goût pour le
plaifir, ne peuvent qu'en faire des époufes défagréables & d'odieufes marâtres.
Enfin ornant l'efprit des femmes de connoiffances à leur portée, l'éducation leur

fournira des reſſources aſſurées contre les ennuis qui les tourmentent d'ordinaire aus-ſitôt qu'elles ont franchi le printemps de la vie.

EN voyant l'éducation qu'on donne le plus ſouvent aux femmes du grand mon-de, on diroit qu'elles n'ont à vivre que peu d'années, au bout deſquelles il n'y aura plus rien à faire pour elles dans la Société. Dès que la ſaiſon des charmes & des plaiſirs eſt paſſée, une femme ſe voit condamnée à s'ennuyer: abandonnée par ſes eſclaves, elle devient un monar-que détrôné ; elle ne ſe montre plus dans les cercles où elle regnoit autrefois; elle ſe dégoûte des plaiſirs dont elle étoit affamée ; elle ſe livre au chagrin, aux vapeurs, à la triſteſſe; une dévotion mi-nutieuſe, ſombre & ſouvent peu ſociable, s'empare de ſon cerveau; ſon activité la fera quelquefois entrer dans des querel-les, dans de pieuſes cabales, dans des complots ſouvent funeſtes à la tranquillité publique & au repos des citoyens. (77) C'eſt ainſi que, faute de ſavoir utilement s'occuper, faute d'être ſuffiſamment in-ſtruites, bien des femmes paſſent du dés-ordre à la mélancolie, de la diſſipation

____

(77) *La dévotion dans les femmes*, dit Mylord Hallifax, *ne leur ſert très-ſouvent qu'à maſquer le déſeſpoir de n'avoir plus de charmes.* Voyez *avis d'un Pere à ſa fille.*

aux intrigues, du vice à une piété mal-
entendue, qui les rend incommodes foit
à leurs familles, foit à la Société. Di-
rigées par des hommes turbulents, les
femmes deviennent quelquefois des inftru-
ments fort dangereux.

UNE éducation plus prévoyante & plus
fage devroit fournir aux perfonnes du fexe
des objets capables de les occuper, & de
les amufer toute la vie d'une façon plus
agréable & plus honorable pour elles-mêmes, moins fâcheufe pour leurs entours,
moins nuifible au répos de la Société.
Les inconvénients qui réfultent des in-
quiétudes de quelques femmes livrées à
la dévotion, font dus à l'éducation qu'elles reçoivent d'ordinaire dans des maifons
religieufes, où des perfonnes uniquement
occupées d'une autre vie font dans une
ignorance complette des chofes utiles &
néceffaires à la vie préfente, & par conféquent font hors d'état d'apprendre à
leurs jeunes éleves comment elles devront
s'y comporter pour leur propre bonheur
& pour celui des autres. Une piété plus
éclairée les rendroit plus fociables ; elle
apprendroit à des femmes deftinées à vivre dans le monde, qu'elles font obligées
de fonger au bien-être de leurs familles,
de fe rendre agréables à leurs maris &

à ceux qui les fréquentent, d'être attentives à l'éducation de leurs enfants, de
veiller fur leurs domeftiques, fans jamais
entrer dans des factions, des intrigues,
des partis nuifibles à la tranquillité publique, dans lefquels des femmes ne peuvent jouer qu'un rôle ridicule & déplacé.

Une bonne Morale mife à portée de
tous les fexes, de tous les états, de tous
les âges, garantiroit les femmes des va-
nités, des déreglements, dés petiteffes auxquelles on les voit trop fouvent attachées.
L'étude de l'Hiftoire les inftruiroit en les
amufant; elle leur montreroit qu'il y eut
autrefois, & qu'il peut y avoir encore,
des femmes capables des plus fortes entreprifes, fufceptibles de courage, d'a-
mour pour la Patrie, de l'enthoufiafme
le plus ardent pour l'honneur & la vertu.
Les exemples mémorables des femmes de
Sparte & d'Argos, des Chélonide, des
Cornelie, des Zénobie, ne doivent-ils pas
montrer aux femmes que leur fexe peut
acquérir une vigueur, un patriotifme, une
grandeur d'ame, des lumieres, dont les
hommes eux - mêmes fe trouvent incapables dans des nations affervies & corrompues. Là des femmes enivrées de plaifirs & de frivolités, ne penfent qu'à s'a-
mufer, vieilliffent dans une longue en-

fance , ne s'occupent jamais des objets dignes d'intéreſſer des êtres raiſonnables : lorſqu'elles ſe mêlent de quelques affaires, c'eſt pour tout gâter & tout ruiner. (78)

Eɴ réformant le luxe, & en donnant plus de ſoin à l'éducation des femmes, un bon Gouvernement en feroit des é-pouſes fideles & vertueuſes , des meres plus attentives , des amies plus ſolides, des membres plus eſtimables de la Société, enfin des citoyens qui formeroient à la Patrie de meilleurs citoyens.

(78) Il eſt très-facheux pour une nation que les femmes y aient un grand crédit. Comme pour l'ordinaire elles s'éprennent ſans examen & ſans connoiſſance de cauſe, ceux qui leur prêtent l'oreille s'expoſent à commettre bien des injuſtices. Il eſt des pays où les femmes ſe mêlent de tout ; ils n'en ſont pas mieux gouvernés. Un proverbe Italien dit avec raiſon, *malheur à la maiſon où les poules crient, & où le Coq ſe tait.*

CHAPITRE XI.

Des Loix morales relatives aux Mariages & à la vie domestique ou privée.

LES loix de toutes les nations policées ont rendu sacrés les liens du Mariage: elles ont voulu que la source qui donnoit des enfants à l'Etat fût sainte & pure; conséquemment elles ont souvent sévi avec fureur contre les attentats qui souilloient le lit nuptial. D'après la loi de Moyse l'homme ainsi que la femme adulteres étoient punis de mort. (79) Ces loix severes marquent l'horreur que les plus sages Légiflateurs ont eu pour un crime destructeur de l'union la plus sainte, la plus importante pour la Société.

QUELLE idée la raison peut-elle donc se former de la corruption des pays où l'adultere, fortifié par des exemples sans nombre, finit par être regardé comme une bagatelle sur laquelle le gouverne-

(79) Lévitiq. ch. xx. vs. 10. Deuteronom. ch. xxii. vs. 22. *Si un homme a dormi avec la femme d'un autre, que tous les deux soient mis à mort: par-là le mal sera banni d'Israël.* Dracon décernoit pareillement la peine de mort contre les adulteres.

ment doit prudemment fermer les yeux? Si la foule des coupables oblige le Souverain de ne point décerner contre eux des loix cruelles & fanguinaires, ne devroit-il pas du moins forcer leurs crimes de fe cacher dans les ombres les plus épaiffes du myftere? Ne devroit-il pas humilier par des mépris éclatants, par des privations, par des difgraces, ceux qu'il ne veut pas faire punir par des loix féveres? Il y a tout lieu de préfumer que dans une Monarchie où l'on voudroit rétablir les mœurs, le Monarque qui banniroit avec ignominie de fa préfence tout courtifan coupable de ce crime *du bon air*, le réduiroit du moins à ne pas ofer fe montrer avec audace, & le forceroit à chercher les ténebres où il eft fait pour demeurer honteufement enfeveli. Un Prince tout-puiffant n'a pas befoin de loix cruelles pour rétablir le bon ordre dans fes Etats, ou du moins pour empêcher le vice d'y marcher le front levé.

Si dans quelques nations qui fe croient policées la violation de la foi conjugale eft punie par les loix ou par l'autorité; le châtiment ne tombe que fur le fexe le plus foible, le plus digne de pitié, le plus expofé à la féduction. Une femme eft fouvent livrée aux horreurs d'une affreufe prifon à la réquifition d'un tyran qui, à la vue du public, eft coupable du même crime! Des loix moins partiales ne devroient-elles pas du moins permettre à la femme de fe plaindre des outrages qu'on lui fait, & réclamer la rigueur de l'autorité ou des tribunaux contre l'auteur de fes peines? Celui-ci plus fort, & réputé plus fenfé, ne devroit-il pas être plus féverement châtié que fa compagne, dont le crime n'eft fouvent dû qu'à fa fragilité? Enfin faut-il que de l'aveu du Gouvernement & des Loix, le droit d'opprimer foit partout le partage de la force, & l'oppreffion le partage de la foibleffe & du malheur?

C'EST à des loix plus juftes qu'il appartient de faire difparoître de telles iniquités; qu'elles répriment les vices des maris, avant de févir contre les déreglemens des femmes; que l'Epoufe, appuyée de la force publique, ait le droit de fe plaindre de la tyrannie, des mauvais traitements, des paffions incommodes, de l'humeur continuelle d'un Epoux avec lequel déformais la vie lui devient infupportable. Que ce tyran perde tous fes droits dont il a trop lâchement abufé; que la loi lui arrache fon empire; & que des époux foient pour jamais féparés.

On

ON ne répétera point ici ce que l'on peut dire en faveur du divorce, dont tout devroit démontrer l'utilité, auquel des loix puifées, non dans de vains préjugés, mais dans la nature même, devroient accorder les plus grandes facilités. A Rome des époux en querelle alloient fe reconcilier près des autels d'une Déeffe, dont ces racommodements faifoient l'unique fonction. (80): Mais il eft fouvent des procédés fi cruels, des caracteres fi peu compatibles, des tyrannies fi révoltantes, qu'il feroit auffi inutile qu'infenfé de fe flatter de rapprocher des époux qui ont beaucoup fouffert. Nulle loi vraiment divine ne peut exiger que des êtres, faits pour fe détefter, fe tourmenter, fe rendre la vie amere, demeurent liés les uns aux autres. Nulle loi fociale ne peut autorifer un abus fi criant, qui feroit du mariage l'engagement le plus odieux. N'eft-ce pas faire fouffrir à un époux le fupplice affreux de Mézence, que de le forcer de garder dans fes bras une adultere infecte & corrompue, que fon cœur doit abhorrer. (81)

(80) *Voyez* VALERE MAXIME Liv. II. ch. I. Cette déeffe s'appelloit *Viriplaca*; elle avoit fon temple fur le mont Palatin.

(81) Ce Tyran, fuivant Virgile, faifoit attacher des hommes vivants à des corps morts. *Mortua quin etiam jungebat corpora vivis.* Les loix romaines permettoient à une femme de ré-

COMMENT un attachement servile pour des loix surannées peut-il faire encore qu'aujourd'hui, dans des nations raisonnables, des Magistrats adjugent à un époux, absent depuis des années, les enfants adultérins qu'une femme impudique a mis dans sa maison ? *Le mariage*, nous dit-on, *doit indiquer le Pere* (82); cette loi bizarre est faite pour assurer l'état des enfants & la paix des familles. Etrange paix, sans doute, que celle qui fait connoître à un mari les déportements d'une femme impudente, d'une marâtre, qui donne aux enfants légitimes des usurpateurs pour freres ! Quoi donc, le divorce ne devroit-il pas séparer pour jamais un mari d'une impudique prête à réduire ses enfants à la mendicité ?

QUE les Législateurs pesent donc toute l'injustice des loix vraiment barbares qui dans quelques nations réglent le sort des

---

pudier son mari. Un Juif pouvoit répudier sa femme pour avoir laissé trop cuire sa viande. —— *Le concile d'Elvire condamne les ecclésiastiques qui ne répudioient pas leurs femmes lorsqu'ils étoient instruits de leurs déréglements.* —— Sous Constantin & sous Théodose le divorce étoit encore permis. Voyez BAYLE, *Nouv. de la Rép. des lettres. tome I. p.* 517 & 518.

(82) *Pater est quem nuptiæ demonstrant.* On cite en France l'exemple d'un particulier, qui, à la suite d'une absence de trois ans, qu'il passa dans un isle de l'Amérique, fut obligé de reconnoître pour siens trois enfants que sa femme avoit eus pendant l'absence de son mari.

époux d'une façon fi contraire à l'effence du mariage, à la félicité des époux, à la propriété des enfants, aux mœurs hon-nêtes. On craint que dans des villes dé-pravées, où chacun dédaigne fa femme pour celle d'un autre, il n'y eût que très-peu de maifons fans divorce : eh bien ! quel mal fi grand que des époux infenfés fe féparent ? En deviendront-ils plus fages en demeurant enchaînés ?

On fe plaint fans ceffe de la vanité, de la coquetterie, de la diffipation, du peu d'œconomie, du goût pour la parure, que montrent tant de femmes diffipées, qui par-là deviennent des fléaux pour leurs familles. Eh ! n'eft-ce pas le luxe, com-muniqué de la cour à la ville, & pro-pagé jufqu'aux dernieres claffes d'une na-tion, qui enivre des têtes privées d'ex-périence, que l'éducation n'a point cul-tivées, qui ne favent point s'employer utilement ? Continuellement occupé à faire naître des fêtes ruineufes, des amufements pompeux, des réjouiffances éclatantes, des fpectacles propres à irriter les defirs cu-rieux de tant de femmes auffi vaines que défœuvrées, un gouvernement frivole & diffipateur n'eft-il pas l'auteur & l'inftiga-teur de toutes les extravagances que l'on reproche aux femmes ? En fupprimant le uxe, & en faifant donner aux perfonnes du fexe une éducation plus foignée, elles reviendroient bientôt de leurs égaremens; elles feroient des compagnes plus paifibles & plus affidues de leurs époux, moins insenfés eux-mêmes. Toute loi qui proscrira le luxe, ou qui diminuera les moyens de faire des fortunes illicites, rapprochera les hommes de la raifon & de leurs devoirs. (83)

LES mariages précoces peuvent être regardés comme une des caufes qui contribuent à les rendre malheureux. Le Légiflateur devroit peut-être empêcher qu'un engagement fi férieux, fi folemnel ne fût contracté dans un âge où les époux, à peine fortis de l'enfance, n'ont ni la force du corps ni la maturité de l'efprit fuffifante pour connoître & remplir leurs devoirs. Des enfants déraifonnables font bientôt dégoûtés; ils ne donneront point à l'Etat des citoyens robuftes. Platon ne vouloit pas que dans fa République les hommes fe mariaffent avant l'âge de trente, & les filles avant celui de vingt ans.

(83) Il y avoit chez les Grecs un Magiftrat ou Cenfeur, uniquement chargé d'infpecter la parure & l'habillement des femmes: on le nommoit *Gynæcomos*. —— Brantôme dit que les gens fages de fon temps blâmoient le Roi François I *pour avoir introduit en la cour les grandes affemblées, abords & réfidence ordinaire des Dames.* Voyez Tome *VI* pag. 336. C'étoit le vrai moyen de ruiner la Noblefle.

ON nous dira, peut-être, que le Gouvernement ne doit pas entrer dans les affaires des familles, dans les détails œconomiques. Nous répondrons que les familles étant les matériaux de l'édifice politique, l'architecte doit perfectionner, autant qu'il peut, ceux qui doivent entrer dans sa construction. Aristote, ayant à traiter de la Politique, commença par traiter de la science œconomique, c'est-à-dire, de celle qui s'occupe de l'arrangement intérieur des familles. Ce sont de chétifs politiques, que ceux qui veulent former une société florissante avec des citoyens corrompus ou malheureux.

LES Loix devroient détourner les citoyens des mariages dans lesquels des époux trop disproportionnés d'âge ne peuvent pas remplir le vœu de la Société, qui leur demande des citoyens. Les mariages entre des personnes trop disproportionnées pour le rang, sont communément accompagnés ou suivis de mépris; ils unissent deux époux qui ne parlent pas la même langue. Platon recommande, avec raison, les mariages des riches avec les personnes moins favorisées des biens de la fortune: ces unions sont très-propres à diviser les richesses, qui ne tendent que trop à s'accumuler dans un petit nombre de mains. Enfin quelques Politiques ont cru qu'il feroit utile aux mœurs que l'on ne donnât point de dot aux filles lorsqu'on les marie.

Licurgue difoit que les facrifices des gens mariés étoient les plus agréables aux Dieux. Solon vouloit que dans Athenes tout citoyen fe mariât pour prévenir les adulteres. Les Romains excluoient des grandes places de la République ceux qui gardoient le célibat Augufte faifoit tenir debout les célibataires qu'il recevoit à fon audience, & faifoit préfenter des fieges aux citoyens mariés. En modérant le luxe & réformant les mœurs, un bon Gouvernement rendroit le célibat plus rare. Une nation corrompue fe remplit de célibataires ; elle ne mérite pas qu'on lui donne des citoyens. Le grand nombre des enfants eft un fujet de douleur pour l'homme riche, tandis qu'il fait le bonheur du cultivateur & du pauvre. Les foins qu'exigent une femme, des enfants, paroiffent un embarras odieux à des hommes ifolés, perfonnels, vicieux, qui ne voient qu'eux feuls dans la nature, & qui ne connoiffent en ce monde que l'amour du plaifir.

En donnant le jour à des enfants, les parents ont contracté l'obligation de travailler à leur bonheur, de leur procurer une éducation conforme à leur état, de

les mettre à portée de subsister honnêtement ou de vivre avec l'estime de leurs
concitoyens. Le Gouvernement doit exciter les parents à remplir ces engagements,
sans lesquels l'autorité paternelle seroit une
usurpation manifeste : ceux qui négligent
des devoirs si saints, en font communément punis par des enfants peu disposés à
reconnoître une autorité qui les géne sans
leur procurer aucuns biens.

LE vice brise tellement les liens les
plus sacrés qui devroient subsister entre
les hommes, que le Législateur le plus
sage ne peut les rétablir qu'avec peine.
Les mauvais peres, en tyrannisant leurs
enfants, en font des rebelles qui les tour-
menteront à leur tour. Le pere avare
force son fils à faire des vœux secrets
pour son trépas, qui doit le mettre en
possession des richesses dont il se voit privé.
Le pere dissolu & sans mœurs voit avec
douleur des enfants qui lui ressemblent.

ON se plaint avec raison que l'autorité
paternelle, que la loi avoit rendue si des-
potique chez les Romains, soit presque
nulle chez les peuples modernes. Mais
cette autorité pouvoit être illimitée sans
inconvénients dans un Etat pauvre, où
le luxe & les désordres qu'il entraîne é-
toient totalement ignorés. Les loix furent
obligées de limiter cette puissance, lors-

que la dépravation introduite par l'opulence eut rempli l'Etat de mauvais citoyens. Ariſtote a dit que *le Droit civil n'avoit pas plus lieu entre le pere & ſes enfants, qu'entre le maître & ſes eſclaves.* Quel ſeroit le ſort des enfants malheureux, ſi dans des nations ſans mœurs ils étoient livrés ſans défenſe aux caprices de tant de parents prodigues, joueurs, débauchés, en qui leurs vices ont étouffé les ſentiments de la nature? L'autorité paternelle doit devenir preſque nulle dans une nation ſans mœurs; elle doit être ôtée à des aveugles, qui ne feroient qu'en abuſer : cette autorité ne feroit utile que dans un Etat bien organiſé, où des peres vertueux formeroient à la Société des membres capables de contribuer à ſon bien-être. La maiſon paternelle devroit être pour les enfants l'école du bon ordre & de la vertu. Un Pere de famille, au milieu de ſes enfants, devroit être un Magiſtrat domeſtique, occupé ſans ceſſe à ſeconder, par ſes leçons & ſes exemples, le Magiſtrat ſocial ou le Légiſlateur. „ La maiſon paternelle, dit un moderne, „ ſemble être un ſanctuaire auguſte, où „ de jeunes citoyens, ſous les yeux de „ miniſtres chéris, ſont initiés à la pra„ tique des vertus publiques par l'exer„ cice des vertus privées."

Ce n'eſt donc qu'en banniſſant le luxe & en réformant les mœurs que le Légiſlateur pourra rétablir l'Hiérarchie paternelle , ſi néceſſaire à l'organiſation de toute ſociété bien réglée. En attendant, les enfants ſeront, pour ainſi dire, des étrangers à l'égard de leurs parents : la tendreſſe paternelle & la piété filiale ne ſe trouveront que dans un petit nombre de familles , fidelles à conſerver le précieux dépôt des mœurs : par-tout ailleurs on verra le fils & le pere vivre dans un état de guerre, faire quelquefois retentir les tribunaux de leurs querelles déshonorantes ; on verra des enfants diſputer la ſubſiſtance à la mere qui lés a portés dans ſon ſein ; on verra des proches ſe haïr , ſe méconnoître , ſe chicaner ſans pudeur pour le plus vil intérêt ; on verra des hommes, que l'amitié ſembloit unir, tourner le dos à leurs amis dans la détreſſe pour ſe diſpenſer de leur prêter des ſecours. Telles ſont pourtant les merveilles qu'opérent dans ces nations opulentes la ſoif de l'or, les beſoins immenſes du luxe, la diſſipation continuelle, la corruption des mœurs. La tendreſſe conjugale, l'amour des parents pour les enfants, la piété filiale, l'union des familles , les charmes de la véritable amitié, toutes les vertus qui pourroient faire le bonheur de la vie domeſtique & privée, ſont des douceurs ignorées dans les ſociétés où les hommes, enivrés par le luxe & l'amour des plaiſirs, ne cherchent que les moyens de ſe les procurer.

Si le Légiſlateur ne peut tout d'un coup changer les cœurs pervers, il peut du moins prévenir ou réprimer, par une police équitable, une infinité d'injuſtices particulieres qui bleſſent journellement les citoyens : telles ſont, entre autres, les cruautés des maîtres, qui ſemblent trop ſouvent oublier que leurs ſerviteurs ſont des hommes & qu'ils leurs ſont liés par des devoirs. Quoique les droits barbares que les Grecs & les Romains donnoient aux maîtres ſur leurs eſclaves ſoient abolis parmi nous, on croiroit qu'ils y ſubſistent encore, en voyant l'injuſtice avec laquelle les domeſtiques ſont traités par les tyrans que l'indigence les oblige de ſervir : peu contents de leur parler avec hauteur, de leur montrer un mépris aviliſſant, de les reprendre avec dureté pour des fautes légeres, on voit des maîtres aſſez lâches, aſſez bas pour retenir leur ſalaire, & même pour les frapper impunément. (84)

____

(84) Les Athéniens accordo'ent aux eſclaves le droit de ſe plaindre de leurs maîtres. En Angleterre & en Hollande un maître, qui auroit battu ſon domeſtique, ſeroit condamné à lui payer une groſſe amende pour le dédommager.

DES loix équitables, deſtinées ſur-tout à protéger le foible, devroient en tout pays remédier à de pareils excès, & réprimer les fureurs de ces tyrans domeſtiques qui, en maltraitant ainſi leurs ſerviteurs, en les aviliſſant, en leur ôtant le ſentiment de l'honneur, en font de mauvais ſujets, des hommes très-dangereux pour la Soçité. Eſt-il donc ſurprenant que des êtres dégradés, & ſouvent corrompus par l'exemple de leurs maîtres, n'aient aucuns principes de morale, d'humanité, d'équité, de compaſſion, & deviennent quelquefois les aſſaſſins de ceux qui les ont cruellement opprimés?

ON a déja fait ſentir les inconvéniens du luxe qui, en multipliant les valets que la pareſſe attire dans les villes, prive les campagnes de leurs cultivateurs : on fera ſeulement obſerver que cette maſſe prodigieuſe de fainéants raſſemblés doit néceſſairement produire une fermentation nuiſible. Ces hommes déſœuvrés, pervertis par les exemples de leurs ſupérieurs, ne tardent pas à ſe gâter les uns les autres, & finiſſent par contracter l'habitude des vices les plus dangereux. Le domeſtique qui voudroit conſerver dans les villes les mœurs ſimples de la chaumiere paternelle, ſeroit pour ſes camarades un objet de riſée : ils le façonnent ; ils lui apprennent des moyens ingénieux de dérober ; ils banniſſent ſes ſcrupules ; ils parviennent ſouvent à faire de l'homme le plus ſtupide un vaurien décidé.

R ı e n de plus rare, dans les villes opulentes & vaſtes, que des domeſtiques attachés à leurs devoirs & fideles à leurs maîtres : l'imprudence & la légéreté avec laquelle ceux-ci prennent des gens à leur ſervice, font que communément ils ſont très-mal ſervis. D'un autre côté le domeſtique, aſſuré que dans une grande ville il ne peut manquer d'emploi, s'embarraſſe fort peu de contenter un maître qu'il peut quitter ſans inconvénient : il eſpere d'ailleurs ſe perdre dans la foule, où ſes vices demeureront cachés. Une ſage police devroit, pour le bien des citoyens, ſuppléer à l'imprudence des maîtres, qui peut quelquefois les expoſer à de très-grands dangers. Tout homme qui veut ſervir devroit être enrégiſtré, en apportant des certificats authentiques qui déſignaſſent le lieu de ſa naiſſance, ſa famille, ſes parents, l'innocence de ſes mœurs. Celui dont on connoît les entours ſe comporte, pour l'ordinaire, avec plus de ſageſſe que celui qui, tombant des nues, peut ſe perdre dans la preſſe. En quittant un maître, le domeſtique devroit de nouveau ſe montrer à la Police, qui, jugeant alors des motifs de ſon renvoi ou de ſa ſortie volontaire, le puniroit, ou lui permettroit d'aller ſervir ailleurs. Il y a tout lieu de croire que des précautions de cette nature procureroient plus de ſûreté aux maîtres, plus de vigilance aux ſerviteurs, & préviendroient un grand nombre d'accidents & de crimes.

MAIS la vanité des maîtres eſt une des cauſes qui contribue de la façon la plus marquée à la perverſité, à l'inſolence, aux vices de leurs domeſtiques. Des grands, qui ne ſe croient tels que parce qu'ils oſent tout impunément, communiquent à leurs gens leur audace, leur injuſtice & leurs immunités. Voilà, ſans doute, pourquoi l'honnête citoyen eſt, ſous de mauvais gouvernements, ſi ſouvent le jouet ou la victime de l'impertinence ou de l'inhumanité de ces valets hautains, que la grandeur protege & que le faſte fait ſottement décorer. Dans quelques nations la diſproportion que le rang & la naiſſance mettent entre les hommes eſt telle, que le valet d'un Seigneur peut ſans conſéquence inſulter, maltraiter, écraſer un citoyen ordinaire, ſouvent plus utile à la Société que ſon orgueilleux maître. Cependant ce maître prendra communément

en main la cauſe de ſon valet coupable ;
il prétendra que *ſa livrée doit être reſpec-
tée :* intimidé par un nom, le juge n'oſera
punir un ſcélérat, parce qu'il eſt l'eſcla-
ve d'un Prince ou d'un homme de qualité.

C'est ainſi que, ſous des Gouvernements injuſtes, l'équité eſt tellement oubliée que, juſqu'aux valets, tout ce qui
approche de la grandeur peut ſe livrer à
ſa perverſité. Pour peu qu'un Gouvernement connût les droits de la juſtice &
de l'humanité, il réprimeroit ſévérement
un orgueil ſi contraire à la ſûreté des citoyens ; il rendroit les maîtres reſponſables des attentats de leurs gens ; il les
forceroit d'être juſtes , & de cacher du
moins au Public la dépravation de leurs
cœurs endurcis par la vanité. Par quelques ;
exemples de rigueur il apprendroit à tous
les grands, que le plus humble des citoynes
a des droits auſſi fondés à la protection
des loix, que le citoyen le plus diſtingué.
De telles diſpoſitions ne déplairoient qu'à
des hommes en qui l'inſolence du préjugé auroit fait taire tout ſentiment de
vertu. Le Légiſlateur doit écraſer l'orgueil des grands qui montreroient cet affreux caractere ; ils ne méritent aucuns
égards de la part d'un Souvetain ami de
l'ordre & de l'équité.

En réprimant le luxe, en témoignant un profond mépris pour un faste inutile, un Monarque vraiment grand par lui - même inspireroit des sentiments plus humains & plus nobles à ceux qui l'environnent. Ils ne croiroient pas leur honneur intéressé à soutenir les sottises ou les délits infames de leurs valets; ils leur apprendroient à respecter tout citoyen ; ils ne les gâteroient plus par un luxe déplacé dans des hommes destinés à la servitude, & que le faste ne peut que gonfler d'impertinence & de vanité.

Ce n'est point faire du bien aux domestiques que de les vêtir superbement; c'est leur troubler le cerveau par de vaines fumées; c'est les rendre insolents & méchants. Tout homme qui sert, doit être contenu dans les bornes de la modestie convenable à son état. Les encourager à bien faire par l'espérance d'améliorer leur sort, les traiter avec bonté, être fideles à payer leur salaire, feroit plus d'honneur à leurs maîtres que des livrées chamarrées ou des chapeaux à plumets.

Enfin, en décourageant le luxe si ruineux pour les grands, qui trop souvent y sont très - fidellement attachés, un bon gouvernement les débarrasseroit d'une foule de valets inutiles qui les dévorent, qui les pillent, qui troublent la société; on purgeroit les villes d'un grand nombre de fainéants qui s'y corrompent; on rendroit aux campagnes des bras faits pour les cultiver; enfin les loix n'auroient plus tant de crimes à punir.

CHAPITRE XII.

De la Légiflation morale fur les crimes.

Toujours guidé par les principes d'une Morale douce, humaine, patiente, le Légiflateur ne les perdra point de vue. lorfqu'il fera forcé de châtier le crime; il gémira fur les égarements des hommes; il ne les croira qu'avec peine; dans la crainte de punir l'innocent, lorfqu'il fe verra forcé de châtier le coupable, il prendra toutes les précautions pour démêler le vrai: abhorrant les maximes d'un defpotifme odieux, des foupçons, des demi-preuves, des délations fufpectes, des bruits vagues, ne feront point pour lui des marques convaincantes; fans intérêt, fans paffion, toujours calme, il examinera de

fang

fang froid, & ne fe déterminera à livrer le malheureux à la févérité des loix qu'après avoir envain épuifé les moyens de le fouftraire à la peine (85).

TELS devroient être les principes de tout juge lorfqu'il fe trouve chargé, pour la fûreté publique, d'un miniftere affligeant & rigoureux. Si la routine ftupide & l'habitude ne l'ont pas totalement endurci, il fera dans une crainte mortelle de décider trop légérement du fort de l'accufé. Quelle image plus terrible & plus importune, pour un juge integre & plein d'humanité, que celle qui lui préfenteroit à chaque inftant les traits d'un infortuné gémiffant dans un fombre cachot, puis injuftement livré à des bourreaux impitoyables! le cri plaintif de l'innocence accablée n'eft-il pas fait pour retentir toute la vie au fond du cœur d'un Magiftrat fenfible? eft-il un fupplice plus affreux que de l'entendre à tout moment? ne vaudroit-il pas cent fois mieux qu'un coupable adroit & rufé pût échapper au fupplice qu'il mérite, que d'y condamner un homme qui ne l'a point mérité?

(85) On dit que les Prêtres Mexicains étoient dans l'ufage de fe battre avec des prifonniers, que l'on avoit préalablement le foin de bien garotter. Cette conduite fi lâche reffemble affez à celle des juges ou commiffaires nommés par les Princes defpotiques pour inftruire les procès criminels.

CET effrayant tableau, tracé par l'humanité, devroit toujours balancer la sévérité du Magistrat lorsqu'il est prêt à décider de la vie d'un malheureux. Si le repos de la Société demande qu'on la délivre des méchants qui l'ont troublée par des forfaits, une expérience terrible apprend à tout Juge qu'il doit se défier des apparences; & tout citoyen doit frissonner quand il songe que souvent, par une étrange combinaison de circonstances, l'innocence a succombé, & s'est vu forcée de subir le supplice du crime.

DESTINÉE à s'assurer de celui qu'on présume coupable, la prison est déjà communément pour lui un châtiment cruel, un supplice anticipé. L'intérêt de l'innocence, qui s'y trouve très-souvent confondue avec le crime, exige que ces demeures soient moins incommodes & plus saines. N'est-ce donc pas assez que des indices peu sûrs & des soupçons quelquefois mal-fondés fassent priver un homme de sa liberté, sans aggraver ses afflictions par des chaînes pesantes & par un séjour infect & capable de donner des maladies cruelles? Est-ce réparer le tort qu'a pu souffrir dans ce séjour d'horreur un citoyen injustement arrêté, que de lui permettre d'en sortir au bout d'une longue captivité, dénué de secours, chargé d'infirmités, ruiné ? Sous un gouvernement équitable la Société, intéressée à voir triompher l'innocence, ne devroit-elle pas defirer que l'innocent fût dédommagé des pertes & des maux qu'il a pu éprouver?

Nous ne parlerons point ici de ces tortures imaginées par des tyrans furieux pour arracher de leurs victimes des aveux qui juftifiaffent leurs cruautés: affez d'auteurs amis de l'humanité fe font juftement élevés contre un ufage auffi barbare qu'inutile (86). Des nations modernes ont aboli ces atrocités gratuites: cependant on les voit encore journellement pratiquées par des tribunaux qu'entraîne une routine cruelle, tandis que tous les juges conviennent que la queftion n'eft propre qu'à forcer l'innocent trop foible à s'accufer fauffement, tandis que fouvent elle ne peut rien faire avouer au criminel robufte. (87) Il faut que l'humanité & la pitié foient bien foibles ou bien rares, même parmi des hommes éclairés, puis-qu'elles ne peuvent réfifter à l'empire

(86) Voyez le *Traité des délits & des peines* du Marquis Beccaria. L'ufage de la torture eft aboli depuis long-temps en Angleterre, & depuis peu de temps en Suede.

(87) Le célebre Grotius dit en parlant de la queftion, que celui qui pourra la fupporter mentira, & que celui qui ne pourra pas la fupporter mentira pareillement. *Mentietur qui ferré poftuerit ; mentietur qui ferré non potuerit.* GROTII *Epiftol.* 692.

méprifable de la routine! Quel honneur ne fe feroient pas aux yeux de l'humanité des Magiftrats qui demanderoient au Souverain l'abolition de cet ufage criminel dès qu'il n'eft que cruel ?

S I la Morale, toujours humaine & compatiffante pour le méchant quand il eft malheureux, préfidoit à la confection des Loix pénales, elle en banniroit cet efprit defpotique & féroce dont elles paroiffent communément animées. Alors la Jurisprudence criminelle, au lieu de fuppofer que tout accufé doit être coupable, viendroit à fon fecours, ne lui montreroit jamais une humeur tyrannique & vindicative; le Juge ne fe feroit pas un point d'honneur de trouver des coupables; des procédures clandeftines, des interrogatoires fecrets, ne convaincroient pas un malheureux à fon infu; il auroit la liberté de fe défendre aux yeux du public; & fa vie ne dépendroit pas d'un rapporteur qui peut être ignorant ou prévenu, ou d'une commiffion fecrete dont l'autorité dicte fouvent les arrêts. (88)

T ROP fouvent établies par un des-

____

(88) La Jurifprudence criminelle d'Angleterre, qui paffe pour la plus équitable de l'Europe, fe fonde fur ces principes. On reproche à celle de France d'être calquée fur les maximes atroces de l'inquifition, à l'exception pourtant de la confrontation des témoins.

potifme brutal, les loix pénales décernent la mort avec une facilité qui fait gémir la juftice & l'humanité. Un citoyen, qui dans un moment de délire & de trouble aura fait un larcin de peu de valeur, a-t-il donc merité la mort? celui qui commet une faute légere dans un inftant malheureux eft-il donc incorrigible? mérite-t-il d'être détruit comme un malfaiteur endurci dans le crime? Celui qui dans le vin, dans une rixe fortuite, dans un mouvement de colere, a tué fon femblable, doit-il périr de-même que celui qui, de fang-froid ou par un deffein long-temps couvé, affaffine un citoyen? La peine capitale, décernée contre le voleur, le détermine à tuer celui qu'il a volé; il devient cruel pour fe défaire d'un témoin qui le conduiroit lui-même à la mort s'il lui laiffoit la vie. Les affaffinats font, dit-on, devenus très-rares en Ruffie depuis que l'on y a fupprimé la peine de mort.

L'HUMANITÉ frémit à la vue des fupplices recherchés que l'on voit encore ufités chez des nations policées. Ces cruautés fi favamment étudiées font évidemment l'ouvrage de la tyrannie, que la flatterie ne trouve jamais fuffifamment vengée. Les loix féroces qui décernent ces horribles tourments femblent, d'après Caligula, ordonner aux bourreaux de *frapper de maniere qu'on fe fente mourir*. Des Juges chrétiens, des nations chrétiennes, dont la religion regarde le blafphême & le défespoir comme les plus grands des crimes, peuvent-ils adopter des fupplices dont la rigueur peut conduire à ces crimes capables de faire encourir des tourments éternels ? Mais la routine ne raifonne jamais; & les flatteurs des tyrans font toujours fans pitié toutes les fois qu'il s'agit de leur montrer du zele. Les fupplices recherchés de l'Inquifition ne nous prouvent-ils pas que fes miniftres & fes suppôts font des hypocrites, qui prennent Dieu pour un tyran dont les intérêts exigent qu'on étouffe tout fentiment de charité ? (89)

L'ÉQUITÉ naturelle peut-elle approuver des ufages ou des loix iniques qui, peu contentes de punir un coupable ou de lui ôter la vie, déclarent fes biens acquis au Souverain, & puniffent ainfi fa famille innocente ? Si les crimes & les fautes doivent être perfonnels, il faut tous

____

(89) Chacun fait qu'il fe commet prefque toujours des filouteries & des vols aux pieds des échaffauds & des potences où le peuple en foule va voir les exécutions. Le peuple de Paris ramaffe comme des reliques les reftes d'un patient qui a beaucoup fouffert, dans l'idée que fes fouffrances ont expié fes crimes & l'ont conduit au Paradis.

les fophimes d'unè Jurifprudence avide &
defpotique,pour colorer ces injuftices crian-
tes, avec lefquelles pourtant une longue
fuite de fiecles a familiarifé les peuples.

Qu'une Légiflation plus jufte & plus
humaine mette donc fin à ces injuftices
frappantes, & fur-tout à ces horribles
boucheries; qu'elle épargne, autant qu'il
eft poffible, la vie des hommes; qu'elle
aboliffe des tourments dont l'idée révolte
toute ame honnête; qu'elle laiffe à des
peuples ftupides & fauvages ces vains at-
tirails de la cruauté, qui ne font que
rendre le méchant plus farouche & plus
fanguinaire; qu'elle n'accoutume pas les
citoyens à voir répandre du fang, de
peur de les habituer à l'inhumanité.

Dans tous les châtiments le Légiflateur doit avoir pour but de corriger le
coupable, & d'inftruire le peuple par l'exemple du malheureux qu'on punit. On ne
corrige point celui qu'on tue: fon exemple peut attendrir l'homme du peuple
qui a le cœur fenfible; mais une expérience répétée fuffit pour nous prouver,
que les châtiments les plus terribles n'en
impofent nullement à des méchants endurcis, à des infenfés entraînés par de fortes paffions, à des étourdis privés de réflexion: or c'eft par des gens de cette

espece que font commis les grands crimes, dont l'idée feule feroit horreur à
tous ceux qui font calmes ou qui voient
les conféquences des chofes. D'ailleurs
tout criminel fe flatte de pouvoir par fon
adreffe échapper à la peine que les loix
lui préparent, & qu'il voit fubir à d'autres.

LES crimes les plus dignes de châtiments font ceux qui caufent le plus de
dommage à la Société. La mort ne paroîtroit due qu'à ceux qui pouffent la perverfité jufqu'à verfer de propos délibéré
le fang de leurs concitoyens. Celui qui
fe familiarife avec le meurtre annonce des
difpofitions fi funeftes, qu'on fe flatteroit
vainement de pouvoir le corriger. Que
la Loi condamne donc à la mort ces malades défefpérés ; mais qu'elle ne les y
faffe pas conduire par des tourments inutiles & révoltants pour l'humanité. Si
l'on croit devoir remuer l'imagination du
peuple par le fpectacle d'un châtiment
plus mémorable pour des délits rares ou
remarquables par leur atrocité, la mort,
fans être en effet plus douloureufe pour
le coupable, ne pourroit-elle pas être accompagnée d'un appareil propre à frapper très-vivement l'efprit des fpectateurs
étonnés de la nouveauté du fupplice ?

Peut-être même feroit-il bon que, fans augmenter les tourments réels de la victime, la loi décernât des fupplices variés fuivant les crimes différents, afin que les efprits fuffent plus fortement remués par des circonftances auxquelles les yeux ne font pas accoutumés. (90).

LES criminels à qui on laiffe la vie doivent expier leurs crimes en fe rendant utiles à la Société. Un malheureux que l'on condamne à la prifon perpétuelle n'eft-il pas perdu pour la Patrie? n'eft-il pas condamné à un fupplice continué plus affligeant que la mort? Tant de travaux font néceffaires aux befoins, à la commodité, au bien-être des nations, qu'on a lieu d'être furpris que les loix ne faffent pas exécuter ces entreprifes par des criminels devenus les efclaves du public. Les plus coupables, en raifon de leurs délits, pourroient être employés aux ou-

(90) En Angleterre la potence eft le fupplice de tous les malfaiteurs. Les voleurs font fimplement pendus; les affaffins font pendus avec des chaînes; les affaffins les plus atroces font après leur mort livrés à la diffection des chirurgiens: ce qui paroît une chofe terrible au peuple. On pourroit aifément trouver des moyens non cruels de faire mourir les grands criminels d'une façon très impofante: les Régicides, les Parricides, les Empoifonneurs, par exemple, pourroient être écrafés publiquement fous un bloc de pierre; ou bien étranglés, & coupés en pièces enfuite, &c.

vrages les plus pénibles & les plus dangereux. Le travail prévient les crimes & paroîtroit devoir en être le châtiment naturel : c'eft la pareffe qui, le plus fouvent, conduit l'homme aux forfaits. Rien ne paroît moins raifonné que les maifons de force où l'on enferme, fans les occuper, des troupes de malfaiteurs qui ne font qui fe pervertir de plus en plus, & qui en fortent pour commettre des crimes plus noirs encore.

Pour avoir moins de crimes à punir, un gouvernement éclairé devroit donc établir, dans chaque province ou diftrict, des atteliers publics, des maifons de travail, où le pauvre trouvât toujours de-quoi vivre & s'occuper. Des chemins à conftruire, des rivieres à rendre navigables, des canaux à creufer, fourniroient aux indigents des occupations continuelles, ferviroient à punir les malfaiteurs, qu'on auroit foin de féparer des autres travailleurs, purgeroient les nations d'une foule de mendiants & de vagabonds, & dédommageroient amplement l'Etat des dépenfes qu'il auroit confacrées à ces établiffements utiles. On ne peut trop le répéter, l'oifiveté eft la fource des vices pour les riches, & la fource des crimes pour les indigents.

MAIS des Princes & des riches injustes ont fait des loix souvent trop favorables à l'opulence & trop dures pour les malheureux : conséquemment on trouve rarement dans les loix pénales des nations une juste proportion entre les délits & les peines. Le riche, pour mettre en sûreté ses biens souvent acquis par des rapines, veut qu'on tue impitoyablement son valet dès qu'il ose lui voler la moindre chose. (91) En un mot les loix par tout pays sont bien plus dictées par l'intérêt des puissants que par l'énormité du crime.

PAR un effet de cette partialité criminelle, des loix cruelles pour le pauvre sont adoucies ou abrogées en faveur des riches & des grands, qui semblent toujours autorisés à faire le mal impunément. La naissance & la qualité des coupables les soustraient aux supplices qui, pour des crimes souvent moins noirs, sont infligés aux misérables. (92) Un homme qui porte

(91) On a vu il y a peu d'années une pauvre servante condamnée à être pendue pour avoir volé deux serviettes à son maître.

(92) Tout le monde sait en France que le feu Comte de Charolois s'amusoit dans sa jeunesse à tirer des couvreurs, pour se donner le plaisir de les voir rouler sur les toits. Un ancien Roi de Danemarc, ayant fait arrêter quelques brigands, apprit que l'un d'eux était son proche parent : il les fit pendre tous, en

un grand nom peut dans quelques pays assassiner, voler, déshonorer, maltraiter ses concitoyens, sans craindre la rigueur des loix; elles ne font des exemples que sur les citoyens sans crédit ou sans nom.

BIEN plus, le crime semble s'ennoblir par la puissance & le rang de ceux qui le commettent. On admire les vols des Rois sous le nom de conquêtes; on admire leurs assassinats sous le nom de batailles. Par une suite des mêmes idées on finit par n'être point trop choqué des crimes & des vices des grands, qu'on suppose fort au-dessus des loix qui gouvernent les petits. Enfin l'on pardonne à des voleurs publics les fortunes qu'ils acquierent par les voies les plus obliques; on s'imagine qu'ils ont le droit de voler, dès qu'ils y font autorisés par le tyran, à qui personne ne dispute ni le droit ni le pouvoir de dépouiller ses esclaves & de s'emparer de tous leurs biens.

CONSÉQUEMMENT à ces principes la grandeur, la force, les richesses, rendent légitimes les mêmes actions qui font remettre le pauvre entre les mains des

---

faisant élever pour son parent une potence bien plus haute que celle des autres. —— On connoît la réponse d'un vivrier au Maréchal de Villars; celui-ci l'ayant menacé de le faire pendre, le Traitant lui répondit, *on ne pend pas un homme qui a cent mille sous.*

bourreaux. Les loix qui font pendre un voleur pour cinq fols, ne puniffent point un homme de qualité, & ne déshonorent point un grand qui, pour contenter fa lubricité, déshonore une famille honnête, ou qui, pour répaître fa vanité, ruine fes créanciers, réduit des commerçants à la mendicité, devient, fans aucun danger pour fa perfonne, l'affaffin de plufieurs familles; il n'en marche pas moins le front levé; il s'applaudit d'avoir fait des dupes; il rit avec fes pareils de leur fimplicité.

LES crimes dont on rit font bien plus dangereux que ceux que l'on cache & dont on rougit. (93) Rien n'annonce plus une dépravation complette que des hommes qui, affurés d'avoir pour eux un grand nombre de complices & d'approbateurs, plaifantent & s'applaudiffent de leurs infamies: ces êtres fans pudeur font difficiles à corriger: ce n'eft que par des loix féveres & des châtiments rigoureux que, faute de pouvoir toucher leurs ames endurcies, l'on peut du moins empêcher leur conduite de fe montrer, & de braver avec audace la décence publique. C'eft toujours gagner beaucoup que d'obliger le crime de rougir ou de murmurer en fecret contre la puiffance qui le réprime.

_____

(93) Théophrafte dit qu'un péché gai eft bien plus puniffable qu'un péché trifte.

Le bras nerveux du Légiflateur doit s'é-
tendre avec vigueur, pour faire baiffer les
têtes altieres des coupables qui voudroient
lui refifter. Un Monarque devroit faire
mettre en vente les biens de tout Courtifan qui rend fon créancier infolvable.

Si la perverfité des mœurs d'une cour
eft fi générale que le Souverain fe trouve
dans l'impoffibilité de févir par des puni-
tions rigoureufes, rien au moins ne pourra
l'empêcher de châtier les plus illuftres
criminels, foit en leur retirant fa confiance
& fa faveur, foit en les éloignant de fa
perfonne, foit en refufant les graces qu'ils
pourront defirer. C'eft ainfi qu'un Prince,
armé d'un amour ferme du bien, peut
punir les hommes dépravés dont une Cour
eft trop communément l'affemblage; voilà
comment il la purgera fans peine de ces
mendiants toujours avides des biens du
peuple, de ces voleurs effrontés, débauchés fans pudeur, de ces joueurs infenfés,
dont les nations font forcées d'alimenter
les vices, d'entretenir le fafte & de payer
les crimes.

Plus on confidere les chofes, & plus
on a lieu de fe convaincre que le luxe
des Cours eft la fource la plus féconde
des calamités dont les peuples font les victimes continuelles. C'eft pour repaître
l'avidité infatiable, la vanité puérile, la

pareſſe de quelques courtiſans dont les Princes ſont entourés, que les peuples ſont forcés de gémir & de travailler ſans relâche. Semblables à ces *Vampires*, que la crédulité ſuppoſoit s'abbreuver & ſe nourrir au fond de leurs tombeaux du ſang des vivants, les gens de cour, *Vampires* plus réels, ſans rien faire qu'infecter les nations, s'alimentent des fruits de leur activité.

MAIS c'eſt encore envain que les peuples baignés de ſueurs travaillent pour ces cadavres inutiles & nuiſibles; tous les impôts que le Souverain leve ſur ſes ſujets ne peuvent ſuffire pour contenter les beſoins d'une foule d'affamés qui ſollicitent autour du trône: le luxe, qui jamais ne connoît de bornes, les retient dans la miſere; ils n'ont jamais aſſez au gré de leur vanité, pour repréſenter ſuivant leur rang ou leur naiſſance. Ils font alors la petite guerre à leurs concitoyens; pour ſatisfaire des fantaiſies, ils les privent du néceſſaire; ils empruntent à toutes mains; ils levent des contributions ſur les marchands; ils font travailler l'artiſan ſans ſalaire; en un mot ces hommes ſi nobles, ſi fiers, ſi grands, ne rougiſſent pas de jouer le rôle infame d'eſcrocs & de frippons; tous les moyens leur paroiſſent hon-

nêtes pour obtenir de l'argent, qu'ils dis-
fiperont auffitôt en folies extravagantes.

C'est ainfi que l'on voit les grandes
maifons, les familles les plus opulentes
perpétuellement s'obérer pour fatisfaire le
befoin prétendu de paroître, dont leur
vanité fe fait un devoir indifpenfable. Tout
courtifan veut imiter fon maître; tout
grand fe croit malheureux quand il ne
peut égaler la dépenfe & le fafte d'un
autre; tout homme riche veut imiter la
cour; & jufqu'aux citoyens les plus pauvres, chacun rougit de fa pauvreté, &
fait des efforts ruineux pour montrer les
apparences de la richeffe.

Telle eft évidemment la caufe de
ces dettes qu'on voit fe multiplier chaque
jour au fein de l'opulence & du luxe. Dans
les nations les plus riches vous verrez
les prifons remplies par des milliers de
citoyens ruinés, que leurs créanciers impitoyables tiennent quelquefois dans des
liens auffi durables que la vie : ils les
mettent par-là hors d'état de rien faire
pour leurs familles & pour la Société. (94)
Si l'on remonte à la fource du malheur

de

(94) On affure, qu'année commune on compte en Angleterre
20000 citoyens enfermés pour dettes ; ce qui doit réduire
20000 familles dans la mifere. L'avidité des marchands eft fou-

vent

de tant d'infortunés captifs, on trouvera communément qu'il eſt dû à la ſotte vanité de vouloir ſortir de ſa ſphere, à des projets inſenſés pour s'enrichir trop promptement, & plus ſouvent encore à des vices honteux qu'on à voulu ſatisfaire. Voilà ce qui multiplie dans la Société les emprunteurs de mauvaiſe foi, les débiteurs inſolvables, les créanciers ſi ſouvent trompés, & les uſuriers toujours dépourvus de pitié.

Le crédit, tant public que particulier, eſt un mal, parce que le gouvernement & le citoyen en abuſent. Combien de guerres inutiles & ruineuſes auroient été prévenues, ſi des Souverains imprudents n'euſſent pas trouvé, ſoit dans leur propre pays, ſoit chez les étrangers, la facilité malheureuſe d'emprunter? Un Gouvernement éclairé devroit ſe faire une loi permanente de ne point emprunter. Si la Patrie eſt vraiment en danger, tous les citoyens, & ſur-tout les plus riches, doivent faire tous leurs efforts pour la tirer du péril dont elle eſt menacée. Le crédit public étoit une choſe inconnue chez les nations les plus puiſſantes de l'antiquité;

vent cauſe qu'ils ſont crédules & dupes; ne méritent-ils pas de perdre quand ſans examen ils ſont crédit à des étrangers, des inconnus, des jeunes gens, des filles de joie?

elles avoient un tréfor deftiné à fecourir l'Etat dans fes befoins imprévus ou pres-fants. Les Dames Romaines apportoient leurs bijoux précieux aux pieds des Sé-nateurs, lorfqu'il étoit queftion du falut de la République. Chez les peuples mo-dernes rien n'eft prévu; il n'exifte point de tréfor national: d'ailleurs les folles dé-penfes des Princes & la rapacité des cour-tifans l'auroient bientôt épuifé. Pour fuf-fire à ces dépenfes que le luxe rend im-menfes & journalieres, les peuples font accablés d'impôts; ceux-ci ne pouvant être confidérablement augmentés en temps de guerre, l'Etat recourt à des emprunts, d'autant plus forts que fon crédit eft plus grand. Ces emprunts font des impôts réels, qui retombent fur le peuple, forcé d'ac-quitter chaque année les intérêts des fom-mes que le gouvernement s'eft procurées. Ainfi les nations les plus opulentes fe trouvent peu-à-peu furchargées par des dettes qu'elles n'acquitteront jamais: (95) des guerres inutiles & fréquentes, entre-

(95) La dette nationale de l'Angleterre monte, dit-on, actuel-lement à 140 millions de livres fterlings, qui font caufe que, pour acquitter les intérêts de cette énorme dette, les citoyens fur-chargés de taxes, de loix prohibitives, de vexations fifcales, ne jouiffent d'aucun des avantages de la liberté, finon d'écrire & de crier contre un Miniftere & un Parlement vénal, qui vont tou-jours leur train.

prifes fur les motifs les plus légers, les empêchent de fe libérer : le luxe des cours, bien-loin de diminuer, augmente de jour en jour : les provinces épuifées ne peuvent plus fournir aux befoins d'un gouvernement infatiable & toujours dans la détreffe : accoutumé à la prodigalité, le Souverain ne veut pas recourir à une fage œconomie, trop contraire aux intérêts de fa cour : les dépenfes inutiles continuent ; les dépenfes utiles & néceffaires font fupprimées : des miniftres, affervis aux vues injuftes des courtifans, facrifient le devoir facré de payer les dettes de l'Etat à la néceffité de contenter les fantaifies ruineufes du Prince & de ceux qui l'entourent : par complaifance pour eux ils déshonorent le Gouvernement par d'infames banqueroutes, auffi nuifibles au crédit public qu'à la fortune des citoyens : enfin ces dettes accumulées empêchent le Souverain le mieux intentionné de donner aucun foulagement à fes peuples.

TELLE eft la marche des gouvernements modernes, qui, au milieu des nations les plus riches, fe trouvent dans la détreffe, & font à chaque inftant reduits à des expédients ruineux. Delà les ufures de la finance, dont les fuppôts, maîtres de tout l'argent, maîtres du crédit public, deviennent des hommes fi néceffaires qu'on les regarde quelquefois comme les *colonnes de l'Etat*, qu'on abandonne à leur rapacité : ceux-ci, par leurs extorſions auſſi ingénieuſes que multipliées, parviennent à ruiner l'agriculture, le commerce, l'induſtrie, & remettent au Souverain, après s'être engraiſſés aux dépens de ſon peuple, des campagnes abandonnées, des laboureurs découragés, des commerçants ruinés & des villes ſans mœurs.

E N effet les emprunts de l'Etat rempliſſent les capitales & les villes opulentes d'une multitude de rentiers inutiles & déſœuvrés, dont le plaiſir eſt la ſeule occupation, qui conſument les fruits de la terre, & qui le plus ſouvent ſe livrent à des vices dangereux. Les cités ſont pleines de mauvais citoyens qui, ſans rien faire pour la Société, jouiſſent dans l'inertie, le jeu, la débauche & le luxe, des revenus que leur procurent les beſoins de l'Etat : ils quittent leurs provinces & leurs patrimoines, dans leſquels ils devroient honnêtement vivre & s'occuper, pour venir prendre part aux amuſements & aux déſordres des grandes villes, où regne pour l'ordinaire une dépravation contagieuſe dont les campagnes ſont garanties. (96)

---

(96) Les rentes viageres, qui, par les intérêts forts qu'elles procurent, ſéduiſent bien des gens, ſont contraires au bien pu-

AINSI que tout homme fage, un gouvernement raifonnable ne doit point franchir les bornes de fes facultés, La vanité
devient auffi ruineufe pour les nations que
pour les particuliers. Des guerres ne
doivent être entreprifes que lorfque le
bien-être & la fûreté de l'Etat font vifiblement en danger. Les guerres de commerce, par lefquelles un peuple fe propofe d'augmenter la richeffe nationale, font
des entreprifes infenfées. On commence
par fe ruiner, dans l'efpoir incertain de
s'enrichir & de faire face à des dettes
qu'on ne payera jamais. Toute nation
opulente qui veut encore plus de richeffes,
cherche à redoubler les caufes de fa propre deftruction.

NOUS avons déjà fait voir qu'un Gouvernement fage devoit bien fe garder d'infpirer à fes fujets la paffion de l'argent,
qui finit par être fi générale & fi forte
que rien ne peut ni la domter ni l'affou-
vir, & qui rend prefque tous les citoyens frippons, parce qu'ils font prefque
tous mécontents de leur fort. Ainfi, loin
de faciliter les emprunts, le Légiflateur

blic, en ce qu'elles invitent au célibat, rendent un homme ifolé,
fraudent les collatéraux, brifent les liens de la parenté, favorifent
les vices du célibataire, qui ne penfe aucunement à ce que fa famille ou fa patrie devieudront après lui.

doit détourner ſes ſujets d'y recourir, leur apprendre à vivre frugalement, à borner leurs deſirs, à ne point ſe livrer à des entrepriſes au-deſſus de leurs forces. Par-là l'on verroit bien moins de créanciers avides devenir les dupes de tant d'étourdis ou de malhonnêtes gens qui, après avoir dérangé leurs propres affaires, abuſent indignement de la confiance des autres.

On nous dira que le commerce ne peut ſe faire ſans crédit; nous le reconnoîtrons ſans peine : mais nous ferons obſerver que, même dans les ſpéculations de commerce, celui qui pour des entrepriſes douteuſes riſque le bien d'autrui pour s'enrichir plus promptement, ainſi que celui qui emprunte plus qu'il n'a dans le monde, eſt un homme avide, peu ſcrupuleux dans ſes principes, qui mérite d'être puni d'une témérité coupable. Un inſenſé peut riſquer ce qui lui appartient; mais c'eſt être très-injuſte que de riſquer le bien des autres. Si des commerçants trouvoient ces maximes trop ſéveres, on ſeroit forcé de croire que leur maniere de faire le commerce n'eſt pas conforme aux regles de la ſaine Morale, dont les loix ne devroient jamais s'oublier. Mais il eſt bien difficile que la Morale de la cupidité, de l'intérêt ſordide, de l'avarice, de la paſſion de s'enrichir, s'accorde avec la Morale ſévere de la juſtice inflexible. Les Légiſlateurs des nations commerçantes ont ſouvent une Morale très-relâchée. (97)

IL vaut mieux qu'un Etat ait des mœurs qu'un commerce immenſe & des richeſſes iniques. Ainſi les loix devroient ſévérement punir les commerçants imprudents ou de mauvaiſe foi qu' hazardent le bien des autres. L'imprudence devient un crime puniſſable, dès qu'elle fait violer la juſtice que chacun doit aux autres hommes.

LE Souverain doit ſur-tout mettre obſtacle aux injuſtices ſi communes des grands. Ceux-ci ne font point le commerce; leurs emprunts n'ont pour objet que le faſte, des inutilités, des choſes dont tout homme raiſonnable peut aiſément ſe paſſer lorſqu'il n'a pas les moyens de ſe ſatisfaire: ainſi le crédit ne devroit point exiſter pour eux. En cela le Souverain les garantiroit de leurs fantaiſies puériles auxquelles trop ſouvent on les voit ſacrifier l'utile & le néceſſaire.

(97) Pour ſubvenir aux beſoins de la pauvreté induſtrieuſe, & lui fournir des moyens de ſubſiſter ſans recourir aux uſuriers, il ſeroit utile d'établir, comme dans bien des pays, des *Lombards*, des *Monts de piété*, où ſur des gages on prêtât de l'argent à un intérêt modique.

C'eſt ainſi que les grands, pour contenter des goûts frivoles & paſſagers, ou même des vices honteux, engagent des biens ſolides, ſe ruinent eux-mêmes & laiſſent une poſtérité qui, pour ſe ſoutenir avec ſplendeur, devient à charge à l'Etat, trop fréquemment obligé de réparer les ſottiſes des ancêtres.

Le Gouvernement eſt donc intéreſſé à empêcher les grandes familles de ſe ruiner: mais d'un autre côté comme il doit la juſtice à tous, pour prévenir les emprunts frauduleux, & les procès auxquels ils peuvent donner lieu, le Légiſlateur devroit ouvrir à ſes ſujets des regiſtres publics, dans leſquels chaque citoyen feroit inſcrire ſes biens déſignés juridiquement; ce qui préviendroit la fraude du côté de l'emprunteur, & procureroit une ſûreté complette au créancier.

Sous quelque point de vue qu'on enviſage les choſes, on trouvera toujours que le Gouvernement a le plus grand intérêt à maintenir la bonne foi, qui fait le lien de toute Société, à forcer tous les citoyens d'être juſtes, & à prévenir les iniquités & les crimes, pour n'avoir point à les punir.

CHAPITRE XIII.

De la Législation morale contre les vices & les désordres de la Société.

FAUTE de sentir l'importance de prévenir & de punir les crimes, si les Souverains négligent souvent de les réprimer, ils semblent plus souvent encore montrer une indulgence dangereuse aux vices qu'on voit regner dans la Société. Tout vice est une injustice qui trouble plus ou moins l'ordre social : ainsi tous les désordres que la Morale condamne devroient être poursuivis avec plus ou moins de chaleur par une législation vigilante. Les crimes nuisent directement à la Société ; les vices lui nuisent indirectement, la minent peu à peu, & produisent très-souvent autant de maux que les crimes.

TOUT ce qui précede a dû nous convaincre de cette triste vérité. La vanité, ce vice des petites ames, ne produit-elle pas les effets les plus terribles dans les nations ? ne sépare-t-elle pas d'intérêts tous les ordres de l'Etat ? cette division fatale ne fait-elle pas l'unique force de la tyrannie, qui est la source empoisonnée de tous

Q 5

les maux & de tous les crimes? La vanité de l'homme fastueux ne fait-elle pas
d'un courtisan un homme prêt à commettre les injustices les plus atroces, pour
satisfaire la passion puérile qu'il a conçue
pour des bagatelles? Enfin n'est-ce pas
cette vanité, vraiment enfantine, qui fait
éclore le luxe, ce mal contagieux qu'on
vit dans tous les temps anéantir les bonnes mœurs, bannir toutes les vertus, ren-
verser les empires?

IL en est de-même de tous les autres
vices, & des dispositions habituelles qui
rendent les hommes plus ou moins incommodes à leurs semblables. La colere
change celui qu'elle aveugle en un tigre,
toujours prêt à s'élancer sur ceux qu'il rencontre en son chemin. La vengeance fait
de l'homme un serpent endormi dont le
venin est mortel. Le mensonge pervertit
l'usage de la langue, & bannit la bonne
foi du commerce de la vie. La calomnie
produit des maux souvent aussi terribles
que le meurtre & les assassinats. L'ingratitude, ce vice affreux, si propre à bannir
la bienveillance & la pitié du cœur des
hommes, ne devroit-elle pas être publiquement flêtrie de maniere à faire trem-
bler les ingrats? ce sont des ennemis publics, que chaque citoyen devroit avoir
droit d'accuser, & que les loix devroient

couvrir d'ignominie. L'avare inhumain, qui refuſe de ſecourir ſon ſemblable, qui détourne ſes regards de l'homme qu'il voit ſouffrir, eſt-il fait pour vivre en ſocié-té? Enfin un Gouvernement attentif ne devroit-il pas réprimer avec force l'in-tempérance, ſi commune chez le peuple, & qui devient ſi ſouvent la cauſe de ſa perte.

En un mot, dans une Société bien ré-glée tous les vices devroient être punis à proportion du mal qu'ils y produiſent. Peut-être la vigilance du Gouvernement ſeroit-elle convenablement ſoulagée par un tribunal compoſé de Magiſtrats diſtin-gués par leur probité, devant leſquels il ſe-roit permis à tout citoyen de ſe plaindre hautement, & non par une délation ſecrete, de celui qui par ſes actions ou ſes paroles l'auroit bleſſé. Alors une cenſure équitable vengeroit la partie léſée, ſuivant la gravité des cas, ſoit par des reprimandes, ſoit par le blâme, ſoit par la privation des places, &c. D'un autre côté, tout délateur ca-lomnieux ſeroit juſtement livré à la ſévé-rité des Loix.

La Cenſure fut long-temps chez les Romains une barriere puiſſante contre le luxe & la corruption des mœurs. Comment les peuples modernes, qui ont emprunté tant de regles de ces fameux Légiſlateurs,

n'ont-ils pas adopté la plus fage de leurs in-
ftitutions? Y auroit-il un frein plus puiffant
que la crainte d'encourir l'animadverfion
ou le blâme d'un tribunal integre, qui dé-
figneroit au Souverain les fujets que leur
conduite rendroit dignes de fa confiance,
ainfi que ceux qui feroient peu faits pour
exercer fous lui une portion de fon autorité? (98)

EN effet, les Princes les plus vertueux
& les mieux intentionnés ne peuvent étendre leurs regards fur tous les citoyens dont
une fociété nombreufe eft compofée: ils
ne peuvent appercevoir que ceux qui les
approchent; & ceux-ci font perpétuellement occupés à les tromper. La voix
publique ne trompe guere; elle ne peut
être ni corrompue ni gagnée: les mœurs
d'un homme le font bien mieux connoître
que fes difcours. Enfin fi le méchant, fi
l'homme fans mœurs, cherchent à fe perdre dans la foule ou redoutent l'examen, le
citoyen innocent & vertueux ne rougit
point d'être connu. *La vérité*, dit un ancien, *ne rougit que d'être cachée*; elle ne
peut craindre la cenfure. Enfin rien n'eft

____

(98) Les Athéniens avoient des Cenfeurs, appellés *Nomophy-
laces* ou confervateurs des loix, devant lefquels les Magiftrats
étoient obligés de comparoître, pour rendre compte de leur
geftion. Suivant les loix de Solon tout Magiftrat fouillé par la débauche & le libertinage étoit honteufement dépouillé de fa charge.

plus important pour le Prince, que d'être bien affuré de la probité de ceux qu'il fait agir : rien de plus important pour les fu-jets, que d'être dirigés par des hommes dont la conduite foit pure & fans reproches.

QUOIQU'IL en foit, les hommes, pri-vés trop fouvent d'expérience & de raifon, ne font que des enfants perpétuellement entraînés par des vices, des paffions, des goûts, qu'une adminiftration paternelle de-vroit foigneufement corriger. L'activité, comme tout le prouve, eft néceffaire à la vie de la Société ; l'inertie & la pareffe ne tardent pas à y produire une corruption funefte. Tout homme qui ne fait rien eft un homme dangereux. Le défœuvre-ment des courtifans eft la vraie caufe de leur perverfité ; car il ne faut point nom-mer occupation cette activité fatale, cette agitation continuelle, ces mouvements in-quiets que produit l'oifiveté : les méchants fe diftinguent fouvent des bons par cette efpece d'activité, qui a faire dire à Pline (99) que *les bons ont bien moins d'énergie & de force que les méchants.* La véritable activité eft celle qui nous rend utiles à nos femblables : voilà celle que la Société doit exiger de fes membres.

(99) PLIN. *Epiftol. lib. IV. ep. 7.*

Le plus grand soin de tout bon gouvernement devroit donc être d'occuper les hommes, de leur faire sentir qu'ils ne sont pas destinés à jouir, sans aucun travail ou bienfait, des avantages que la Société procure, qu'ils doivent compte à l'Etat de l'emploi de leur temps. Rien de plus sage que la loi d'Egypte, qui vouloit que tout citoyen comparût chaque année devant le Magistrat, pour lui faire connoître quelles étoient ses occupations. Les loix de Dracon condamnoient à la mort les oisifs; celles de Solon les notoient d'infamie.

La loi d'Egypte, plus modérée, devroit sur-tout avoir lieu dans les villes opulentes & peuplées, qui, par les plaisirs qu'elles présentent, par la vaste carriere qu'elles ouvrent aux vices, par les moyens qu'elles fournissent de dérober sa conduite, deviennent communément des rendez-vous pour les désœuvrés d'une nation, & des repaires pour les hommes les plus pervers, qui accourent de toutes parts pour exercer dans la foule leurs funestes talents. Voilà pourquoi les Capitales sont pour l'ordinaire des lieux où l'on respire un air fatal à l'innocence; elle s'y trouve perpétuellement exposée soit à se corrompre, soit à tomber dans les pieges que la méchanceté est toujours prête à lui tendre. Une diffipation continuelle, l'ivreffe habituelle des plaifirs, le befoin de s'amufer fans ceffe, rendent les hommes légers, les empêchent d'approfondir ceux-mêmes qu'ils fréquentent le plus; ils ne leur demandent que de leur procurer des agréments paffagers; & très-fouvent l'homme agréable n'eft rien moins qu'un homme à qui l'on doive fe fier.

L'ENNUI ou l'indigence accompagnent toujours l'oifiveté, & celle-ci produit des dupes & des frippons. C'eft ce qu'on voit fur-tout dans le Jeu, devenu prefque par-tout la reffource ordinaire des oififs fans nombre que renferment des Sociétés dont les membres font incapables de penfer ou de converfer agréablement. Néanmoins cet amufement, fi peu fait pour employer une portion énorme de la vie, feroit pardonnable, fi on ne le regardoit pas comme une occupation louable & digne des honnêtes gens, s'il ne dégénéroit pas en une habitude machinale, enfin fi trop fouvent l'avarice ne le changeoit pas en une fureur capable de produire les plus terribles ravages.

UN moralifte éloquent & vertueux, dans un ouvrage plein d'ame, vient de peindre les malheureux effets du Jeu avec des couleurs fi fortes & fi touchantes, qu'on ne peut rien ajouter aux traits éffrayants 'fous lefquels il repréfente cette paffion forcenée. (100) „ Le Jeu, a dit „ quelqu'un, eft un renverfement de tou- „ tes les bienféances: le Prince y oublie „ fa dignité, & la femme fa pudeur: le „ gros jeu renferme tous les défauts de la „ Société: on fe donne le mot à certaines „ heures pour fe ruiner & fe haïr;" (101) on pourroit encore ajouter, pour détruire fes charmes & fa fanté; car une femme poffédée de la paffion du jeu lui confacre fes veilles ; & la coquette la plus féduifante ne nous montre fouvent que les traits d'une mégere, quand ils ont été mis à la torture par les paffions foudaines & multipliées que la cupidité, réjouie ou fruftrée, produit fur fon vifage. Une table de jeu eft-elle donc la place où des enfants oubliés doivent aller chercher leur mere? eft-ce autour de ce fatal tapis qu'ils trouveront un

pere

(100) Voyez la *Lettre fur la fureur du Jeu* par M. du Saulx de l'Académie royale des Infcriptions & Belles Lettres de Paris.

(101) Voyez *Lettre d'une mere à fon fils fur la vraie gloire.* Une maxime, inventée fans doute par des joueurs, dit que *le jeu, comme l'amour, rend les hommes égaux* : conféquemment à ce principe on a vu quelquefois des Princes, & même des Rois, fe mêler avec des frippons. L'Abbé de S. Pierre remarque, que ce ne fut qu'en 1648 que l'on commença de jouer aux cartes à la cour de France „ ce fut, dit-il, le Cardinal Mazarin, qui étoit „ gros joueur, qui introduifit cette méthode de perdre fon temps „ & fon argent." Voyez *Rêves d'un homme de bien page.* 28.

pere occupé du bonheur de fa famille? Enfin eſt-ce dans un vrai coupe-gorge qu'on peut ſe flatter de rencontrer un homme de bien, un citoyen raiſonnable?

MAIS les raiſons les plus fortes, les repréſentations les plus touchantes, ne peuvent rien ſur des ames endurcies par l'avarice, ou ſur des cœurs uſés qui, pour être remués, ont beſoin des ſenſations promptes & variées que donne la cupidité continuellement ballotée par l'eſpérance & la crainte. En effet le gros jeu n'eſt point un amuſement, c'eſt un violent exercice. Les joueurs ne trouvent aucun plaiſir au jeu, lorſqu'ils n'ont pas l'eſpoir qu'il leur procurera beaucoup d'argent: il leur faut des ſommes conſidérables pour réveiller leurs ames engourdies; ils ont beſoin de ruiner leurs amis pour ſe pro-curer un ſommeil doux & tranquille.

C'EST donc à la Légiſlation qu'il ap-partient de rendre plus efficaces les leçons de la Morale. Pourquoi les loix, ſur les plaintes d'une famille, ne traiteroient-elles pas un joueur d'une façon auſſi ſé-vere, auſſi flétriſſante que le frénétique ou l'inſenſé? La Loi ne devroit-elle pas arracher à tout Pere de famille le pouvoir de ruiner ſa femme & ſes enfants? Pour-quoi ne pas noter d'infamie, ou condam-ner à des travaux utiles, tant de joueurs de profeſſion qui trouvent à ſubſiſter par les pieges qu'ils tendent à la jeuneſſe imprudente ? un gouvernement équitable ne devroit-il pas faire éprouver ſon indignation à ces maiſons connues, où de prétendus amis s'aſſemblent avec le projet formé de s'affliger les uns les autres, & de s'arracher leur fortune ?

QUE dirons-nous de la conduite affreuſe de quelques grands qui, au mépris des loix impoſées au public, donnent dans leurs Palais-mêmes un aſyle aux joueurs, & fourniſſent à la Nobleſſe frénétique l'occaſion de s'égorger en liberté ? Quelle étrange Police que celle qui, pour une honteuſe rétribution, tolere publiquement des *tripots* de jeu, deſtinés à devenir les rendez-vous de tous les oiſifs, les frénétiques & les frippons d'une ville ! (102). Enfin juſques à quand appellera-t-on *dettes d'honneur* celles qui ont été contractées au jeu, tandis que, peu contente de les

____

(102) La République de Veniſe a long-temps permis des jeux de hazard à ſon profit qui ſe tenoient dans le Palais de S. Marc ſous les yeux d'un ſénateur; cette pratique honteuſe eſt enfin abolie depuis très-peu de temps. On ſe ſouvient encore à Paris des Hôtels de Soiſſons & de Gevres, ou la jeuneſſe avoit la liberté de ſe ruiner. On aſſure que cette capitale de la France renferme encore un très-grand nombre de *tripots*, autoriſés par la Police, qui en partage les profits avec ceux qui ont obtenu la permiſſion de les tenir. Il y a tout lieu de croire que ces abus feron abolis ſous le regne vertueux de LOUIS XVI.

mettre au néant, la loi devroit flétrir ou châtier le gagnant & le perdant; tandis que le Souverain devroit au moins exclure de sa préfence quiconque auroit ofé transgreffer des loix faites pour tous les citoyens?

MAIS la violation des loix & des préceptes les plus facrés de la Morale femble être par-tout un droit inhérent à la grandeur, à la puiffance. Les loix & la vertu n'exerceront leur empire fur les hommes, que lorfque des Souverains vertueux les prendront pour regles eux-mêmes, & les feront régner fur tous leurs fujets, fans diftinction de rang ou de naiffance.

LES Souverains ont-ils bien confulté les intérêts des mœurs du citoyen dans l'établiffement de ces jeux publics connus fous le nom de *Lotteries*, par lefquels les Gouvernements femblent tendre des pieges continuels à l'avidité des fujets? Eft-ce donc en irritant la cupidité des hommes qu'on les rendra meilleurs? Le jeu, trop inégal, que les Lotteries maintiennent entre l'Etat & les particuliers, eft-il bien conforme aux regles de l'équité? Que la fageffe & la probité des Souverains réfolvent ces difficultés; en attendant il paroît que les lotteries font un impôt, fouvent trèsfort, levé fur des dupes volontaires qui fe privent communément du néceffaire, féduits par des espérances qui rarement se réalisent. L'expérience nous prouve que ces appâs présentés aux sujets agissent sur-tout sur les esprits simples, & dérangent les gens du péuple, les domestiques, les personnes les plus pauvres; ceux-ci, désolés de leurs pertes, s'en dédomagent quelquefois par des voies criminelles, propres à leur attirer des châtiments très-graves.

LE Gouvernement ne devroit jamais se permettre les apparences même de la mauvaise foi. S'il veut former des citoyens honnêtes, sa conduite doit toujours être franche & pure, & se montrer exempte d'injustice & de fraude. Un Etat est bien à plaindre, quand obéré par de longues fautes il est forcé de laisser subsister des abus que l'équité condamne & n'eût jamais permis.

SI les mœurs sont faites pour intéresser tout Gouvernement éclairé, il doit n'omettre aucuns efforts pour les conserver pures, & pour opposer de fortes digues aux désordres capables de les corrompre. Ainsi tout Législateur vraiment sage, loin de se prêter au délire qui regne dans dés nations dépravées, loin d'écouter les maximes dangereuses qu'il y trouve accréditées, combattra de toute sa force la débauche & les vices contraires à la chasteté; ils sont d'autant plus opiniâtres qu'ils paroiffent inhérents à la nature humaine ; mais la loi, toujours guidée par la raifon, doit, comme elle, prêter fes fecours aux citoyens, & leur aider à vaincre une nature brute fujette à s'égarer, pour ne fuivre qu'une nature réglée, conforme aux intérêts de la vie fociale.

COMME les fautes contre la pudeur s'enveloppent communément des ombres du myftere, le Gouvernement, loin d'employer des voies odieufes & tyranniques, ne doit point chercher à les dévoiler, ni même faire des efforts pour trouver des coupables qui fe cachent à fes yeux : mais il doit punir le vice effronté lorfqu'il fe montre infolemment en public, parce qu'alors fon exemple devient très-dangereux. Jamais une Police bien réglée ne tolérera l'impudence audacieufe de ces Phrynés, qui viennent fe donner en fpectacle, & montrer au public les richeffes fcandaleufes qu'elles ont amaffées par le trafic de leurs charmes. Des courtifannes ainfi décorées ne femblent-elles pas inviter toutes les filles indigentes à les imiter dans des défordres fi richement récompenfes ? Enfin ces firenes enchantereffes ne doivent-elles pas porter le trouble dans les cœurs d'une jeuneffe inconfidérée, dont il eft très-important que les paffions foient retenues ?

D'un autre côté, la loi ne devroit-elle rien faire en faveur de tant de femmes honnêtes, dont les époux infideles vont porter chez de viles proſtituées le tribut & les hommages qui ſont dûs au lien conjugal ? Le Légiſlateur ne ſtipulera-t-il pas les intérêts d'une famille abandonnée par un Pere, qui la ruine pour enrichir des femmes perdues ? ces Peres de famille, épris d'un fol amour, ne devroient-ils pas être mis au rang des inſenſés ? pourquoi ne pas noter d'infamie ces lâches qui, s'accuſant eux-mêmes, ſe vantent hautement des victoires honteuſes qu'ils ont pu remporter ? Quant à ces calomniateurs qui ſe plaiſent à noircir ſans cauſe les femmes les plus honnêtes, la loi ne devroit-elle pas les traiter avec encore plus de rigueur ? Mais le bras du Légiſlateur peut-il trop s'appeſantir ſur les corrupteurs de la jeuneſſe, & les forcer du moins à réparer par toutes ſortes de moyens le tort, qu'en ſéduiſant l'innocence, ils ont pu faire à l'honneur de toute une famille ? (103)

____

(103) Ariſtote vouloit que le Légiſlateur bannît de la Société ceux qui tiennent des diſcours obſcenes ; car, dit-il, *de la licence de dire ſuit la licence de faire des choſes honteuſes. Voyez* ARISTOT. Politic. lib. VIII. cap. 17. Par les loix de Romulus tout homme qui diſoit des obſcénités en préſence des femmes étoit puni comme un hommicide.

T E L S font pourtant les forfaits que les loix négligent de punir chez bien des nations! telles font les atrocités que des hommes, accoutumés à les voir chaque jour, ofent traiter de bagatelles! Le Souverain éclairé ne les verra pas des mêmes yeux qu'un vulgaire imbécille, qui rit avec ftupidité de tant d'excès déplorables; il verra dans l'adultere la diffolution complette du lien le plus facré des familles; il verra dans le féducteur un monftre, qui porte la deftruction & l'infamie chez les citoyens; il ne verra fouvent dans l'homme à bonnes fortunes qu'un lâche calomniateur; il verra dans l'agréable débauché, dans l'homme de plaifirs, dans un fat inconftant & volage, des êtres ineptes & méprifables, que leur caractere doit écarter des affaires & de toutes les places importantes, qui demandent toujours de la raifon, des mœurs honnêtes & graves, des lumieres, de l'exactitude, une attention fcrupuleufe & fuivie. Vainement chercheroit-on ces qualités dans des hommes dont la tête n'eft remplie que d'intrigues, de galanteries, de parures, d'objets futiles dont il faut s'occuper quand on veut plaire à des femmes coquettes ou déréglées. Celles-ci, par leur fatale influence dans un Etat, ne font propres qu'à porter chez tout un peuple leur vanité, leurs caprices, leurs modes, leurs goûts enfantins & frivoles, leur paſſion effrénée pour le luxe & le plaiſir, qui finit par la diſſolution la plus complette des mœurs. Les femmes de cette eſpece ſont des enfants, qui ſe plaiſent à tout détruire, ſur-tout quand ils ſe voient les maîtres de la maiſon. (104) Des hommes livrés aux femmes & gouvernés par elles ne ſont aucunement faits pour gouverner des Etats.

L'OISIVETÉ continuelle où ſe trouvent plongés les grands, les riches, les habitants des cours & des villes, eſt évidemment la cauſe de la galanterie, des paſſions amoureuſes & des déſordres qu'on voit regner dans le monde. (105) Si les hommes étoient utilement occupés, à l'abri de l'ennui, ils n'auroient pas beſoin de

(104) Ulric Huber, dans ſon traité *de Jure civitatis*, remarque qu'il n'y a pas de nation qui ait ſouffert plus de maux du gouvernement des femmes que la nation françoiſe, malgré le ſoin qu'elle a pris d'exclure les femmes de la couronne. *Voyez* BAYLE, *Nouv. de la Rep. des lettres Tome II. page* 703. Cette vérité eſt confirmée par des exemples anciens & modernes. C'eſt à cette *Gynécratie*, ou à cet empire féminin, que la France paroît devoir le goût dominant qu'on lui voit pour les frivolités en tout genre; goût fatal qui, ſi les gouvernements n'y mettent obſtacle, gagnera peu-à-peu toute l'Europe, & y établira la *Monarchie univerſelle*, non du pouvoir, mais du luxe & des modes.

(105) *Otia ſi tollas, periere Cupidinis arcus.* OVID. Otez l'oiſiveté, & l'arc du Dieu d'amour ſe trouvera briſé.

fortir d'eux - mêmes, de fe fuir, de fréquenter les autres; les vifites oifeufes feroient plus rares ; les peres de famille fongeroient à leurs affaires; les femmes, livrées à des foins domeftiques, fidelles aux fonctions que la nature leur affigne, ne feroient pas perpétuellement répandues au dehors, où tout femble confpirer contre leurs mœurs & leur tranquillité. Tant d'attachements paffagers, tant de paffions éphémeres, font évidemment des fuites de la familiarité qu'établit entre les deux fexes une fréquentation continuelle. L'inconftance eft l'effet naturel des liaifons qui n'ont pas l'eftime & la vertu pour bafe: d'ailleurs le dégoût fuit les plaifirs trop faciles; on peut & l'on veut les varier dans une fociété qui offre à tout moment des objets nouveaux.

L'ABUS de la fociabilité eft une fource d'ennuis & de peines dont on s'exempteroit fi l'on en ufoit plus fobrement. Il ne faut pas fe féparer des humains, mais il ne faut pas les voir trop fouvent: *c'eft, dit Arrien, s'engager dans un combat que de fe jeter dans la foule.* Les femmes, que la nature a rendues foibles & fenfibles, y ont fans ceffe à lutter contre des aggreffeurs audacieux: la vanité excité le defir continuel de s'imiter, de s'égaler, de fe furpaffer; ce qui fait naître le luxe, le fafte, l'oftentation, les plaifirs de la table. Bien-tôt toutes ces chofes ne remuent plus affez vivement ceux qui s'y font accoutumés; alors on fe fatigue, on s'ennuie réciproquement, on ne peut ni s'aimer, ni s'eftimer, ni fe paffer les uns des autres. Voilà la vie des gens du monde, qui n'eft pour l'ordinaire qu'une longue chaîne d'ennuis & de vices, entremêlée de fort peu de plaifirs véritables.

CEPENDANT des hommes vicieux & défœuvrés font des efforts continuels pour fe tirer de l'état de langueur où l'ennui les replonge à tout moment. Delà ces fêtes ruineufes que les Princes fe trouvent obligés de donner aux dépens de leurs peuples, foit pour échapper eux-mêmes à l'ennui où les jette leur fatale indolence, foit pour fufpendre quelques inftants les ennuis des courtifans défœuvrés dont ils font entourés. Delà ces bals, ces fpectacles pompeux, ces prétendues réjouiffances publiques, qui coûtent les larmes & les fueurs de l'indigent laborieux. *Crois-tu donc n'être née que pour t'amufer?* auroit dit un Marc-Aurele à cettè troupe oifive & corrompue qui demande des plaifirs continuels. Un bon Roi ne devroit-il pas dire à fes courtifans défœuvrés: „ al-„ lez dans vos campagnes ranimer les „ travaux; occupez-vous à faire du bien

,, à mes peuples, & vous ne ferez jamais
,, expofés à l'ennui." (106)

DANS les nations opulentes & dépravées le Gouvernement fe croit férieufe-
ment obligé d'amufer un peuple d'oififs,
pour qui le plaifir eft devenu l'unique
affaire importante. Toujours fidelle à fuivre l'exemple de la cour, la Capitale fe
croiroit malheureufe fi elle ne jouiffoit
pas des mêmes avantages. Des fpectacles
continuels & variés deviennent un befoin
indifpenfable pour le citoyen opulent,
qui ne fait jamais employer fon loifir.
Bientôt ce befoin fe fait fentir dans les
claffes inférieures: l'Artifan veut des fpectacles; il quitte fon attelier, fa boutique,
pour repaître fes yeux; il néglige de procurer du pain à fa famille; dégoûté du
travail & affocié aux plaifirs des riches,
il les imite dans leurs vices, que les fpec-
tacles-mêmes fervent communément à nourrir dans les cœurs. Car, ne nous y
trompons pas, les fpectacles qu'on préfente le plus fouvent aux peuples ne font

(106) Les Gazettes & les nouvelles publiques font continuellement occupées à inftruire l'univers des feftins, des bals, des
réjouiffances difpendieufes que les Princes donnent à leurs cours.
Ne feroit-il donc pas plus honorable pour ces Princes, & plus
confolant pour l'humanité, que l'on annonçât plus fouvent leurs
actes de bienfaifance, que de folles dépenfes, infultantes pour
des peuples malheureux?

rien moins qu'inſtructifs; ils ne ſont propres qu'à développer dans les ames des paſſions que, pour le bien de la Société, l'on devroit ignorer ou ſoigneuſement étouffer. Quelle inſtruction réelle l'habitant de Paris ou de Londres peuvent-ils retirer de la repréſentation pathétique des malheurs, des paſſions, des fureurs d'un héros mythologique, d'un grand de Rome ou d'Athenes, de quelque Princeſſe épriſe d'un fol amour? Qu'eſt-ce que le jeune homme peut apprendre dans la plupart des comédies, ſinon des ſtratagemes ingénieux pour duper un pere, un tuteur, un vieillard, un rival, afin de ſe mettre en posſeſſion d'une maîtreſſe? Très-peu de drames ont un but vraiment moral: la tragédie, ampoulée dans le ton, gigantesque dans les ſentiments, n'occupe le citoyen que de faits romaneſques, qui n'excitent en lui que des émotions pasſageres, peu propres à développer la ſenſibilité dont il auroit beſoin dans le commerce de la vie: (107) la comédie n'ap-

(107) Cette critique ne peut pas tomber ſur la plûpart des tragédies de M. de Voltaire, dans leſquelles on trouve un but moral, qu'on apperçoit ſur-tout dans *Mahomet*, *Alzire* &c. ni ſur des Drames tels que *le Pere de famille*, *Mélanie*, &c. Voyez ſur cette matiere un grand nombre d'idées ſaines répandues dans un ouvrage moderne intitulé *du Théatre*, *ou nouvel Eſſai ſur l'Art dramatique*, Amſterdam *in-8vo*. 1773.

prend aux femmes que le pouvoir de leurs charmes, les moyens de faire des conquêtes, les rufes propres à tromper la vigilance des parents ou des maris, pour obtenir l'amant qu'elles ont choifi. Pour peu qu'on ait des idées juftes de Morale & de vertu, il fera difficile de regarder le théatre, chez les modernes, comme une école de mœurs pour la jeuneffe, ou comme un moyen capable d'exciter les citoyens à la pratique de leurs devoirs. Après avoir pleuré fur les malheurs d'Hippolyte, d'Andromaque, d'Iphigénie, &c. Le courtifan & le Traitant en font-ils plus difpofés à s'attendrir fur les peines de leurs concitoyens malheureux? au fortir de *l'école des femmes*, une femme eft-elle bien pénétrée de ce qu'elle doit à fon mari? Un bon Gouvernement devroit faire enforte que le fpectacle devînt plus moral, plus inftructif pour la Société: il devroit fur-tout empêcher que le vice y fût jamais préfenté fous des traits féduifants, & la vertu montrée fous des traits ridicules.

EN VAIN attendroit-on des fruits avantageux pour les mœurs de ce fpectacle corrupteur, dans lequel les chants harmonieux des firenes s'uniffent aux danfes des Nymphes pour attaquer tous les fens à la fois. Un tel fpectacle femble fe propofer ouvertement d'inviter les citoyens à la molleffe, de les folliciter aux plaifirs de l'amour, de les exciter à la débauche. Les maximes que l'on débite, l'air-même qu'on refpire dans ce féjour des illufions, tout allume des paffions dangereufes dans le cœur de la jeuneffe, tout fert à les alimenter jufques dans la vieilleffe. Sur les tréteaux magiques de l'*opéra*, des Prêtreffes de la volupté viennent irriter les defirs d'une foule infenfée, qui bientôt leur facrifiera fa fortune & fa fanté. C'eft à ce fpectacle inftructif, qui fait les délices d'une nation frivole, qu'on a vu des Gouvernements accorder la plus éclatante protection. (108)

On fe plaint des rigueurs de la reli-

_____

(108) Voici comment s'exprime fur l'*opéra* de Paris un mémoire inféré dans le *Recueil* H *page* 224 : „ On fait que le théatre de „ l'opéra ne connoît point de mineures : *les Actrices jouiffent* „ *d'une émancipation pléniere*; *affranchies de toute puiffance pa-* „ *ternelle, elles font arbitres fouveraines de leurs appas, & de* „ *ce qu'elles gagnent dans cette milice de plaifir; elles font même* „ *à l'abri des recherches des Argus de la Police.*'' On voit par-là que cet établiffement peut, fans injuftice, être regardé comme un lieu de débauche, où la jeuneffe va fe corrompre impunément. Si dans des temps malheureux le Gouvernement s'eft prêté à une pareille licence, les Peres de famille honnêtes n'ont-ils pas lieu d'efpérer que l'on ôtera ce refuge à la proftitution, ou du moins qu'il ne fera plus ouvertement protégé ?

gion parce qu'elle condamne les spectacles, & les interdit à ses disciples; ses préceptes en cela sont néanmoins très-conformes à ceux de la Morale naturelle, qui ordonne à tout homme raisonnable d'éviter les dangers, de ne point attiser dans son cœur des passions dont les suites pourroient lui devenir très-funestes. Ces passions sont sur-tout à craindre pour des ames toutes neuves à qui le vice se montre accompagné d'attraits si puissants, qu'elles n'ont pas la force de s'en défendre. Quels reproches n'ont point à se faire des parents inconsidérés qui, dès l'âge le plus tendre, accoutument leurs enfants à s'approcher avec plaisir d'une coupe qui, peut-être, les infectera pour la vie?

Ne blâmons pas non plus trop légérement des usages ou des loix qui attachent une idée flétrissante à la profession de ceux qui se donnent en spectacle. Il est sans doute inconséquent de donner aux nations des plaisirs également proscrits par la religion du pays & par la Morale universelle; mais du moins il est utile de séparer dans l'opinion des citoyens des mercenaires assez bas pour se soumettre à tous les caprices du public, & dont souvent la conduite n'est aucunement propre à les faire estimer des honnêtes gens. Un théatre vraiment inftructif, des fpectacles qui contribueroient à épurer, à corriger les mœurs, feroïent les vrais moyens d'en faire un amufement louable, & de réhabiliter les comédiens, qui pour lors deviendroient des citoyens utiles.

EN un mot, un Gouvernement fage ne doit jamais fe rendre l'approbateur ni le fauteur du vice : s'il ne peut anéantir des amufements confacrés par l'ufage, il doit les épurer ; mais fur-tout il emploiera tous fes efforts pour éclairer les citoyens, pour les occuper utilement, pour les rappeller à la raifon, qui les dégoûtera peu à peu des vains jouets de leur enfance. C'eft par de bonnes loix qu'on inftruit efficacement les peuples ; c'eft par des châtiments qu'on réprime le vice ; c'eft par des récompenfes qu'on peut inviter les hommes au bien.

LES amufements & les plaifirs doivent délaffer l'efprit fans corrompre le cœur : ils ne doivent jamais porter dans l'ame des fpectateurs rien de contraire à la pudeur, à la décence, aux bonnes mœurs. Le Légiflateur tirera des fpectacles le plus grand avantage, s'il veut les faire fervir à l'inftruction des citoyens, à la correction des vices, à la guérifon des préjugés, des défauts & des travers d'une nation :

un

un drame peut devenir pour tout un peuple une leçon très-utile, très-propre à lui faire une impreffion vive & profonde. (109)

—————————————

CHAPITRE XIV.

Des moyens que le Gouvernement peut employer pour réformer les mœurs & pour exciter les hommes à la vertu.

Un Sage d'orient a dit avec raifon, que *pour faire croître les vertus il faut femer les récompenfes.* Le Légiflateur peut bien par des châtiments infpirer la terreur, forcer le vice à fe cacher, le réduire au filence; mais c'eft par la bonté qu'il s'attire la confiance; c'eft par la libéralité qu'il enchaîne les cœurs. La bonté des Rois doit avoir la juftice pour bafe; leur libéralité fera jufte quand elle

____

(109) Horace, dans l'*Art Poétique*, fait voir que dans l'origine les fpectacles ont été des actes religieux chez les Romains. Les premiers Drames de nos ancêtres, connus fous le nom de *Myfteres*, étoient pareillement deftinés à rappeller aux fpectateurs des idées religieufes; les nôtres devroient nous ramener à la vertu, foit en nous remuant, foit en nous faifant rire.

S

récompenfera la vertu, qui ne peut confifter que dans des difpofitions & des
actions avantageufes à la Société.

LES vertus ne font fi rares que parce
que des Princes dépourvus d'équité n'ont
point fait fervir les récompenfes dont ils
font les dépofitaires, les bienfaits dont
ils font les diftributeurs, à reconnoître
fidellement les avantages réels qu'on pro-
curoit à la Patrie: ils n'ont vu, comme
on l'a dit, leurs nations que dans leurs
cours, dans le petit nombre de ceux dont
ils étoient entourés: trompés pour l'ordinaire par ces hommes avides & méchants,
ils les ont fouvent payés du mal qu'ils
faifoient à leurs concitoyens. Par-là le
mérite & la vertu ont été découragés;
des courtifans indignes, des favoris pervers, les citoyens les plus inutiles & les
plus nuifibles, ont abforbé les bienfaits
du Souverain. En voyant que le vice
& l'intrigue obtenoient toutes les graces,
les bons citoyens regarderent la cour
comme un féjour qui n'étoit point fait
pour eux; ils s'imaginerent que le vice
& le crime avoient feuls des droits à la
fortune, toujours aveugle dans la diftribution de fes faveurs.

C'EST au Souverain vertueux qu'eft
réfervé le pouvoir de lui arracher fon
bandeau. La fortune n'eft aveugle que

fous des Princes fans lumieres, ou qui ferment les yeux fur leurs intérêts les plus évidents; elle n'eft injufte que fous des tyrans dépourvus d'équité, à qui la vertu doit déplaire; elle n'eft capricieufe dans la diftribution de fes bienfaits, que lorsqu'elle eft forcée de fervir des defpotes accoutumés à ne fuivre que leurs fantaifies; enfin la fortune n'eft inconftante que lorfqu'elle obéit à des maîtres fans fermeté, fans regles permanentes dans leur façon de gouverner : en un mot, cette fortune, dont les hommes ont fait une Divinité puiffante, qu'ils ont rendue la maîtreffe & l'arbitre des Souverains les plus terribles & des plus vaftes empires, n'eft autre chofe que la fageffe ou la folie, la juftice ou l'iniquité des rois & des peuples dont-ils reglent les deftins. *Les Dieux*, dit Pline, *n'aiment jamais que les Princes qui ont de l'amour pour les hommes.* Le ciel n'eft irrité que contre les Etats mal gouvernés: la fortune n'abandonne les nations que par l'imprudence des chefs qui ne favent point la fixer: elle ne renverfe les trônes que lorfqu'ils font occupés par des tyrans, qui négligent les vrais moyens de les rendre inébranlables.

AINSI la bonne ou la mauvaife fortune des nations dépend de ceux qui les gouvernent. Les mots *Fortune*, *Hazard*, *Deſtin*, en politique ne ſignifient que la prudence ou l'imprudence ; l'expérience ou l'incapacité, la vertu ou les vices des Souverains : ce ſont eux qui tiennent dans leurs mains la chaîne fatale des événements heureux ou malheureux ; ils ſont les vraies cauſes de la proſpérité ou de la miſere, de la grandeur ou de la décadence, de la gloire ou de l'opprobre, de la puiſſance ou de la ruine des Empires. Le ciel ne répand ſes graces que ſur les Princes vertueux.

C'EST ſans doute pour flatter les despotes, pour les endormir dans leur négligence & leurs déſordres, que des courtiſans trompeurs ont habilement rejeté les malheurs des Etats ſur le compte de la fortune. Des bouches plus véridiques n'auroient-elles pas dû leur crier : ,, c'eſt vo,, tre coupable indolence qui fait que vo,, tre Etat languit : c'eſt votre luxe inu,, tile qui plonge vos peuples dans la mi,, ſere : ce ſont vos extorſions qui dé,, couragent l'agriculture, le commerce & ,, l'induſtrie : c'eſt votre partialité qui ,, anéantit l'émulation de vos guerriers : ,, c'eſt votre faſte qui ruine votre No,, bleſſe. C'eſt votre haine pour la vé,, rité qui étouffe les talents : ce ſont les ,, honneurs & les récompenſes, que vous

,, accordez à des indignes, qui écartent
,, le vrai mérite des places: ce font vos
,, prodigalités qui épuifent le tréfor pu-
,, blic: ce font vos paffions & vos exem-
,, ples qui portent la corruption dans tou-
,, tes les claffes des citoyens."

TOUT Souverain qui réfléchit, s'il veut rentrer en lui-même, découvrira les vraies caufes des calamités publiques & des défordres qui regnent dans la Société: en fe réformant lui-même, il réformera fa cour: alors les grands, contenus dans de juftes bornes, porteront bientôt la réforme & rétabliront l'ordre parmi le refte des citoyens. *La vie du Prince, dit Pline, eft la meilleure des cenfur s: nous avons bien moins befoin d'ordonnances que d'exemples: ce font les récompenfes accordées aux bons ou aux méchants, qui portent vers la bonté ou la méchanceté.* (110)

LE Monarque, élevé fur fon trône au-deffus de toutes les têtes, ne peut dérober fes actions aux yeux de fes fujets: tous fes mouvements les intéreffent, parce qu'ils influent fur le bonheur de tous: ainfi, comme dit le même Pline,

_____

(110) *Vita Principis cenfura eft.* —— *nec tam imperio nobis opus eft, quam exemplo.* PLIN. Panegyric. *Præmia bonorum malorumque bonos ac malos faciunt.* Ibidem.

l'homme le plus grand de tous doit être le meilleur de tous. Ce n'eſt pas qu'un grand Prince, pour être le meilleur des hommes, doive réunir en lui toutes les lumieres & les vertus ; il lui ſuffit d'être juſte, d'avoir un amour conſtant & ferme du bien, de forcer les méchants à s'abſtenir du mal, d'inviter les bons à ſeconder ſes vues ſalutaires par des récompenſes, des marques de faveur, des bienfaits. La bienfaiſance des rois, on ne peut trop le répéter, doit être juſte : elle ſera toujours juſte, quand elle aura pour objet ceux qui rempliront fidellement les devoirs de leur état. C'eſt ainſi que tout homme de bien deviendra l'ami, le favori du Souverain : celui-ci ſera le meilleur des hommes, parce que ſes bontés s'étendront ſur tous les hommes ſoumis à ſon pouvoir.

PAR un abus honteux des mots, on attribue quelquefois la bonté à des Princes, parce qu'ils ne refuſent rien à des courtiſans que rien ne peut raſſaſier, parce qu'ils prodiguent ſans choix les revenus, les tréſors de l'Etat ; parce qu'ils craignent de rebuter les hommes vils qui les obſedent ; parce qu'ils permettent à tous les abus de ſubſiſter, de peur de faire des mécontents. Mais cette bonté fatale n'eſt qu'une foibleſſe réelle : ce n'eſt pas

être bon, c'eft être foible, c'eft encourager la méchanceté, que de montrer de
la bonté aux méchants; c'eft être injufte
que de ravir au mérite les récompenfes
qui lui font dues, pour les donner à des
hommes qui n'ont pas droit d'y prétendre. La libéralité n'eft une vertu dans
les Rois, que lorfqu'elle encourage ou paie
les fervices réels qu'on rend à la Patrie,
dont le Souverain eft chargé d'acquitter
les dettes, d'exprimer la reconnoiffance.
Le Prince feroit injufte, s'il fe croyoit
en droit d'accumuler dans un petit nombre de mains les richeffes qu'il auroit arrachées avec peine de tous les citoyens:
il s'aviliroit lui-même s'il fe rendoit lâchement le tréforier, le pourvoyeur de
fes courtifans, l'inftrument méprifable de
leur avidité. ,, Etre libéral aux dépens
,, des autres ce n'eft pas être libéral,
,, c'eft voler: la libéralité n'eft pas une
,, vertu royale, c'eft une vertu de par-
,, ticulier, parce qu'un particulier ne peut
,, donner que du fien: (111) avant de
,, faire des graces il faut faire juftice...
,, il n'eft pas jufte de créer de nouveaux
,, fubfides fur les uns, pour en faire des
,, préfents aux autres."

(111) Voyez *les Rêves d'un homme de bien.* page 10 & 85.

CE n'eſt donc que par une diſtribution équitable des récompenſes, dont il eſt le dépoſitaire & l'adminiſtrateur, que le Souverain peut mériter le titre de bon. Un Prince qui ne ſeroit bon que pour ſes favoris ou pour les courtiſans qui l'obſedent, ſeroit un Prince très-mauvais pour le reſte des citoyens: il deviendroit bientôt un oppreſſeur, un tyran, s'il vouloit ſatisfaire la voracité des affamés ſans pudeur qui lui demanderoient à jouir des dépouilles de ſon peuple. Les grands & les courtiſans n'excitent les Princes à étendre leur pouvoir & à le rendre ſans bornes, que pour écraſer les nations en leur faveur. Tous les fauteurs du deſpotiſme, tous les ennemis des loix & de la liberté publique, ne cherchent à rendre leur maître tout-puiſſant que pour exercer la tyrannie ſous ſon nom, ou pour abuſer de ſa ſimplicité afin d'attirer dans leurs mains la ſubſtance des citoyens ſans défenſe.

C'EST communément à la vanité, paſſion des eſprits retrécis, que ces perfides conſeillers s'adreſſent pour faire entrer le Prince dans leurs infames complots: ils ne lui parlent que de ſes droits, de ſon autorité, de ſon pouvoir, que tout homme par ſa nature deſire de voir étendre: ils

font confifter fa gloire dans un attirail
pompeux , qu'ils difent néceffaire à la
fplendeur du trône pour imprimer un
grand refpect aux peuples: ils le détournent de toute occupation férieufe, en lui
faifant entendre qu'un Monarque n'eft en
ce monde que pour jouir, pour fe livrer
aux plaifirs , qu'il feroit peu digne de lui
de fe mêler de fes propres affaires, qu'il
doit remettre à fes miniftres ou à fes fer-
viteurs un travail faftidieux qui n'eft point
fait pour lui; ils lui perfuadent que fes
fujets font des efclaves, difperfés dans le
monde pour travailler à fes plaifirs , fe
facrifier à toutes fes fantaifies. Après avoir ,
à force d'orgueil , endurci le cœur du
Souverain, ils l'excitent à charger d'impôts ces peuples méprifés; ils lui cachent
leur mifere ; ou bien ils ont le front de
dire qu'il faut qu'ils foient malheureux,
qu'il faut les accabler, les tenir dans l'indigence, pour les rendre plus foumis. Le
Souverain ainfi trompé ne peut jamais entendre ni les gémiffements de fon peuple,
ni la voix de la vérité fi terrible pour
les menteurs. Pour tenir le Prince dans
l'ignorance, & fes fujets dans les fers,
on profcrit avec fureur la liberté de penfer, de parler & d'écrire; on impofe un
filence profond à tous ceux qui pourroient
porter les vœux de la nation au pied du

trône; on en écarte avec foin le vrai mérite & la vertu noble, qui n'ont jamais la foupleffe qu'exigent les tyrans & leurs fuppôts; on n'éleve aux grandes places, on n'appelle aux honneurs & aux dignités que des hommes vils, & conjurés contre le bien public, prêts à fervir les favoris dans les entreprifes les plus, funeftes au Souverain & à l'Etat. Pour affermir la tyrannie dont les Miniftres du defpote imbécille recueillent tous les fruits, on perfuade au maître que fa fûreté demande de nombreufes armées; celles-ci, foudoyées par un peuple indigent, redoublent, fa mifere & le tiennent fous le joug, jufqu'à-ce que fes oppreffeurs l'aient entierement dévoré. En fuivant les maximes de cette politique barbare, le defpote voit avec furprife qu'elle finit par faire difparoître de chez lui l'activité, l'induftrie, le bien-être: il ne jouit plus que de la gloire de regner fur des provinces & des villes habitées par quelques efclaves fans mœurs, qui fe font enrichis des dépouilles d'une multitude d'efclaves plongés dans l'infortune, privés de courage & de vertus.

TELLES font pourtant les maximes dont des courtifans perfides fe fervent pour empoifonner l'efprit des Princes: ils ne les font foupirer après le pouvoir arbitraire que pour regner fur eux, ainfi que fur leurs fujets. Le defpote eft un enfant dont on excite la vanité par des jouets, qui lui font oublier les avantages les plus folides : dupé par des flatteurs qui le divinifent, il n'eft communément que leur premier efclave : guidé par leurs principes il fe rend, pour leur plaire, le deftructeur de fes Etats, dont il anéantit la gloire, la puiffance, & les mœurs. Le defir du pouvoir illimité ou du defpotifme annonce, dans le Prince que cette paffion poffede, la petiteffe de fon génie ; ce font communément les moins propres à commander, qui fouhaitent le plus vivement une puiffance abfolue.

Tout Prince vertueux, vraiment jaloux de fon pouvoir & de fa gloire, fe gardera bien d'adopter des principes & des maximes qui tendent auffi évidemment à la ruine du Monarque & des fujets. Les exemples frappants d'un fi grand nombre d'Etats que le defpotifme a ravagés & couverts de plaies prefque incurables lui feront fentir que ce n'eft pas regner, mais détruire, que de l'exercer fur des peuples. Les révolutions auffi terribles que fréquentes qu'éprouvent les tyrans de l'Afie, lui feront voir que le defpote n'eft jamais en fûreté quand il n'a pour fujets que des efclaves abrutis, mécontents, indifférents pour celui qui leur

donne des fers. Il reconnoîtra que le tyran ne peut compter un inſtant ſur la fidélité des ſatellites dont il eſt environné,
& que les bêtes féroces, deſtinées à le
garder, deviennent pour l'ordinaire les auteurs des attentats les plus cruels contre ſa
perſonne. Enfin tout Souverain, qui con-
ſultera la raiſon plutôt que la flatterie, reſ-
tera convaincu que pour regner avec gloire,
pour gouverner avec ſûreté, il faut que le
chef d'une nation obéiſſe à la vertu comme
le dernier des citoyens; il ſentira qu'un bon
Prince eſt celui qui peut & qui veut faire
du bien à ſon peuple, & qu'il n'y a ni
honneur ni avantage à jouir de la puiſſance
de lui faire du mal. La ſervitude des peuples ne devient utile qu'aux Princes qui
n'ont ni les talents ni les vertus néceſſaires pour les bien gouverner.

EN renonçant lui-même au pouvoir
d'être injuſte, le Souverain rétablit à l'inſtant la juſtice & le bon ordre dans ſes
Etats; ſon exemple fera ſentir aux grands
qu'ils ne peuvent s'arroger le privilege de
nuire impunément, tandis que le chef de
la nation ſe met dans l'heureuſe impuiſſance
d'y exercer lui-même un pouvoir arbitraire. Sous un Monarque ami de la juſtice les miniſtres, les courtiſans, les Magiſtrats, tous ceux qui exercent l'autorité
du Prince, ſont forcés d'être juſtes ; &

dès-lors on voit diſparoître tous les maux de l'Etat. De l'équité du Prince découleront bientôt, comme d'une ſource féconde, toutes les vertus propres à ranimer la Société. La juſtice obligera tout citoyen à remplir ſans reproche les dévoirs de ſon état. Privées de faire le mal & de vivre inutiles, la grandeur & la nobleſſe chercheront à s'illuſtrer par la bienfaiſance, l'affabilité, la douceur, la reconnoiſſance des avantages que la Patrie leur procure par préférence aux autres. Le guerrier ne ſe croira plus en droit de troubler ou de vexer les citoyens que ſon mêtier l'oblige de défendre. Le miniſtre de la juſtice tiendra d'une main plus ferme les balances de l'équité entre le puiſſant & le foible, entre le riche & le pauvre. Le miniſtre des autels, rappellé aux devoirs que la religion lui impoſe, ſera pour ſes concitoyens un ange de paix ; il leur remettra ſous les yeux les avantages que procurent, ſoit en ce monde ſoit dans l'autre, la concorde, la tolérance, la ſociabilité ; il leur enſeignera, par ſon exemple encore mieux que par ſes leçons, les devoirs de la charité, de la miſéricorde, du pardon des injures, de la bienveillance univerſelle qui doit lier les hommes entre eux. Le riche ſaura qu'il a contraſté l'obligation de faire du bien, d'aider le pauvre, d'encourager ses travaux, qui font la richesse véritable & le bonheur d'un Etat. Enfin dans son humble carriere l'indigent, dégagé des entraves de l'oppression, travaillera de bon cœur & contribuera selon ses forces à la félicité générale.

CET esprit d'équité, universellement répandu, se fera sentir jusques dans la vie privée. Les Epoux reconnoîtront sans peine que la justice les oblige à se témoigner réciproquement les sentiments nécessaires pour rendre plus aimables les liens qui les unissent. Les Parents sentiront que leurs enfants ne sont pas destinés à être les jouets de leurs fantaisies; qu'ils leur doivent de la tendresse, de la vigilance & des soins, s'ils veulent mériter leur piété filiale & leur reconnoissance. Les familles resserreront les nœuds de la parenté, afin d'acquérir plus de force par leur union. Enfin les maîtres, éclairés par leurs besoins, cesseront de regarder leurs serviteurs comme des esclaves; ils les traiteront avec bonté; & ceux-ci s'attacheront à des maîtres dans lesquels ils verront la source de leur bonheur.

LA justice du Souverain étend ses heureuses influences même sur les nations non soumises à ses loix; elle procure à ses voisins la paix & les avantages dont elle est toujours accompagnée. Un Prince équita-

ble, modéré, exempt de l'injufte befoin
de s'agrandir, fait naître la confiance, la
fécurité, le refpect chez tous les peuples
qui l'entourent. La meilleure des Politiques eft celle qui prend pour bafe la juftice & la droiture: on négocie avec aifance
quand on n'a point deffein de faire tort
à perfonne.

UNE vanité puérile & méprifable brouil-
le fouvent les maîtres de la terre, & fuffit quelquefois pour faire couler des flots
de fang. Une formalité négligée, une
omiffion légere dans l'étiquette, une difpute de préféance, font-elles donc des objets affez puiffants pour remuer les grandes
ames des rois? Sont-ce là des raifons va-
lables ou des motifs fuffifants pour troubler le repos des peuples, pour ébranler
l'univers?

C'EST dans fes propres Etats qu'un
Souverain éclairé peut faire des conquêtes
propres à multiplier fes forces réelles fans
coûter ni larmes ni fang à fes fujets. Qui
oferoit attaquer un Monarque dont les E-
tats feroient remplis de citoyens heureux,
attachés à leur maître, unis entre eux par
les liens de la vertu? On eft tout furpris
de voir le patriotifme entiérement banni
des contrées où le defpotifme & le luxe
ont fixé leur domicile; c'eft qu'avec la liberté & la vertu le bonheur a difparu;

c'eſt qu'il n'y a point de patrie pour des captifs, dont le pays n'eſt qu'une priſon incommode ; c'eſt que le ſort du maître & de la nation ne touche guere des mal-heureux qui n'ont plus rien à perdre ; c'eſt que la ruine de l'Etat ne fait qu'une im-preſſion légere ſur des vicieux & des diſ-ſipés, qui ne ſongent qu'à jouir du pré-ſent, ſans s'occuper triſtement d'un avenir déſagréable.

Le Patriotiſme véritable ne peut ſe trou-ver que dans les pays où les citoyens li-bres, & gouvernés par des loix équitables, ſe trouvent heureux, ſont bien unis, cher-chent à mériter l'eſtime & l'affection de leurs concitoyens. Sous les loix arbitrai-res du deſpotiſme perſonne ne peut-être libre ni content de ſon ſort ; l'on n'a d'au-tre moyen de ſe diſtinguer qu'en plaiſant au deſpote ; on ne fait aucun cas de l'eſti-me du public, qui ne peut mener à rien, & qui ſouvent fait ombrage à la puiſſance inquiete & jalouſe. Le Sultan fait étran-gler ſes Pachas dès qu'ils ſe font aimer de leurs provinces. (112)

POURQUOI

---

(112) Tacite nous apprend (*Annal. liv. XIII. §. 53.*) que ſous le regne de Neron L. Antiſtius Vetus, qui commandoit dans les Gaules, conçut le projet utile de réunir par un canal la Saone & la Moſelle ; mais un ami lui conſeilla de n'en rien faire, de peur de ſe rendre par-là ſuſpect à l'Empereur.

POURQUOI nos yeux voient-ils encore avec surprife tant de monuments prodigieux, élevés avec des frais immenfes par les Romains ? c'eft que contribuer à l'utilité publique fut toujours regardé comme un devoir par des Princes, des Sénateurs, des Grands, qui vouloient mériter l'eftime & les fuffrages de leurs concitoyens. Dans les temps les plus fimples, les plus pauvres, les plus vertueux de Rome, une couronne de chêne récompenfoit amplement celui qui avoit fauvé la vie d'un citoyen : une ovation, un triomphe, fans enrichir le Général victorieux, rempliffoient tous fes defirs.

TOUT homme qui a du reffort dans l'ame, veut être diftingué de fes femblables. Le Prince peut fe fervir avec fuccès de cette paffion inhérente à la nature humaine, pour tourner les efprits vers l'utilité générale. Si des marques de diftinction, des grades, des penfions fouvent légeres, des rubans, allument dans les Monarchies l'imagination de tant d'hommes, au point de les pouffer dans les plus grands dangers & de leur faire braver la mort ; pourquoi, par des moyens femblables, le Prince n'allumeroit-il pas dans les ames la paffion fi noble du bien public, le defir d'être utile à fon pays, l'ambition de fe

fignaler aux yeux du Monarque & de fes
concitoyens par des actes de bienfaifance,
de générofité, de zele pour fa nation?
Des honneurs éclatants, accordés à des
actions vraiment vertueufes, enflamme-
roient fans doute les cœurs des grands &
des riches d'un enthoufiafme bien plus
avantageux à la Patrie, que celui que
leur infpire trop communément la paffion
d'un fafte qui les appauvrit & les rend
méprifables. Un homme de qualité, affuré de n'être point oublié de fon maître
lorfqu'il iroit dans fes terres répandre l'activité, la confolation & la joie parmi fes
vaffaux, s'eftimeroit-il donc moins que ces
Grands inutiles qui vont fervilement fe mor-
fondre à la cour, & fe ruiner à la ville
avec un tas de proftituées qui les dupent
& les méprifent?

Modérant en faveur du bien public
la hauteur de l'étiquette, fi le monarque
plus populaire fe rendoit acceffible aux
talents, au mérite, à la vertu; s'il ho-
noroit !de fon fuffrage les actions louables, les découvertes importantes, les entreprifes vraiment utiles à la Patrie; quel
pouvoir n'auroient pas ces diftinctions honorables accordées par le Prince? Quelle
émulation n'exciteroient-elles point parmi
les fujets d'une Monarchie, où le plus grand

des honneurs eſt d'approcher ſon maître, d'être connu de lui?

C'eſt ainſi que, ſans épuiſer leurs tréſors, les Princes, toujours maîtres de l'opinion publique, peuvent en un inſtant changer la face d'un Empire, en bannir le luxe & la vanité, leur ſubſtituer la bienfaiſance, faire regner l'équité, attirer de la conſidération aux vrais talents, & du reſpect aux bonnes mœurs. Un Monarque ſera vraiment grand, puiſſant, invincible, quand il emploiera ſagement les reſſorts du gouvernement pour réunir l'intérêt général à celui de tous les ordres des citoyens. C'eſt alors que l'Etat ne deviendra qu'une famille bien unie, dont le chef jouira de toute la puiſſance, la ſplendeur & la gloire que l'ambition peut deſirer. C'eſt alors que l'on verra la Politique & la Morale heureuſement combinées pour travailler de concert au bonheur des humains.

Tels ſont, Auguſte LOUIS, les bienfaits que peut attendre de tes ſoins un grand Empire, à qui l'aurore de ton regne fait déjà concevoir les plus douces eſpérances. En raſſemblant près de ton trône la ſageſſe & la probité, tu conſoles tes ſujets, tu leur dis de ſe promettre les temps les plus fortunés. Oui, Prince vraiment bon & magnanime, tu ſeras le

Reſtaurateur, le Légiſlateur & le Pere d'u-
ne Monarchie puiſſante & libre ſous tes loix.
Ami conſtant de la juſtice, de la vertu,
de la vérité, elles regneront à tes côtés.
Ton Peuple, toujours docile à la voix de
ſes maîtres, toujours fidele à ſuivre leur
exemple, les honorera de-même que toi.
Aſſez long-temps tes ayeux ont rendus leurs
noms célebres par des conquêtes & des ex-
ploits fameux, par des monuments merveilleux, par la ſplendeur de leur cour.
Ton ame bienfaiſante ambitionne une gloire
& plus grande & plus pure, celle d'eſſuyer
les larmes des malheureux, de guérir au
ſein de la paix les plaies faites à l'Etat,
d'y établir les mœurs avec la félicité.

Poursuis, ô MONARQUE gé-
néreux, une entrepriſe ſi noble, ſi digne
de toi; repouſſe d'une main puiſſante &
ferme les obſtacles qu'on tenteroit d'oppo-
ſer à tes projets; bannis avec courage un
luxe corrupteur; mépriſe un vain éclat,
inutile aux grands Rois; contrains le vice
intimidé à s'éloigner de ta préſence; que
le flatteur abject ne ſe montre plus à la
cour d'un Prince ami du vrai; donne à
ton Peuple des loix propres à le guider
dans le chemin de la vertu, qui toujours
conduit au bonheur; qu'une nation aimable, active, ſociable, ſpirituelle, devienne

par tes foins vertueufe, folide, refpecta-
ble. Ainfi tu furpafferas tous les Héros
de ta race: tu feras plus chéri que des Guerriers dont les mains furent trop fouvent
enfanglantées: tu feras plus admiré que
ces Monarques faftueux dont on vante les
édifices accablants pour leurs fujets: on
célebrera ton regne, non comme celui des
victoires, non comme celui des arts & de
la magnificence, mais comme le regne
des loix, des vertus & du bonheur.

F I N.

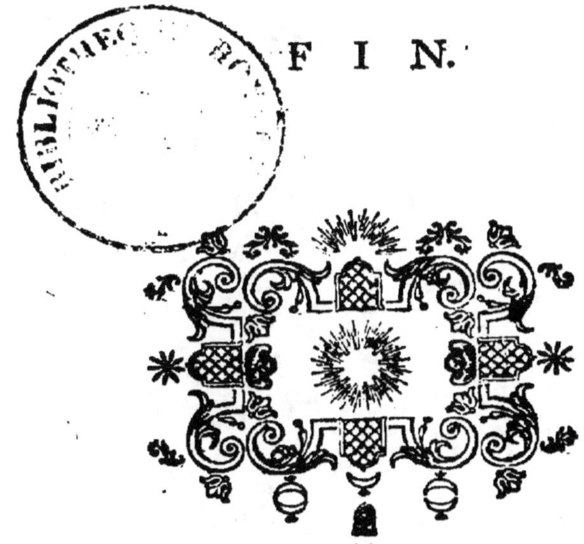

TABLE

DES

CHAPITRES.

TABLE DES CHAPITRES.

FIN DE LA TABLE.

ERRATA.

Page 8, ligne 26, depend, *lisez* dependent.

—— 9 ligne 10, conduit, *lisez* conduite.

—— 15, ligne 23, on obet, *lisez* on obéit.

—— 25, ligne 5, en ennemi, *lisez* en ennemie.

—— 29, ligne 25, telles, *lisez* tels.

—— 37, ligne 8, qu'ils leurs envoient, *lisez* qu'il leur envoie.

—— 38, ligne 25, à se démolir, *lisez* à se détruire.

—— 56, ligne antépénultieme, jouirent, *lisez* jouiroient.

—— 92, ligne 11, il ne seroit point émané de Dieu, *lisez* elle ne seroit point émanée.

—— 96, ligne 25, il ne se, *lisez* elle ne se & *lignes suivantes.*

—— 141, ligne 4 de la note, qu'ils les quittent, *lisez* que ces derniers les quittent.

—— 156, ligne 23, des historiens, *lisez* des histrions.